스테이블 디퓨전으로 만드는 게임 그래픽

크로노스 크라운 야나이 마사카즈 지음   아크몬드(박광수) 옮김

저자 소개

야나이 마사카즈

크로노스 크라운 합동회사 대표 사원

1975년 후쿠오카현 기타큐슈시 출생, 1997년 구마모토대학 이학부 생물과학과를 졸업하였다.
게임회사를 거쳐 현재 크로노스 크라운 합동회사에서 게임 및 애플리케이션 개발, 프로그래밍 관련 기술서나 기사를 집필하고 있다.
주요 저서로는 「만화로 알아보는 JavaScript」(슈와시스템, 2012), 「JavaScript [완전]입문」(SB크리에이티브, 2021) 등이 있다.

스테이블 디퓨전으로 만드는 게임 그래픽

게임 캐릭터, 아이콘, 배경 생성부터 ChatGPT 연동까지

초판 1쇄 발행 2024년 1월 2일

지은이 크로노스 크라운 야나이 마사카즈 / **옮긴이** 아크몬드(박광수) / **펴낸이** 전태호
펴낸곳 한빛미디어(주) / **주소** 서울시 서대문구 연희로2길 62 한빛미디어(주) IT출판2부
전화 02-325-5544 / **팩스** 02-336-7124
등록 1999년 6월 24일 제25100-2017-000058호 / **ISBN** 979-11-6921-183-3 93000

총괄 송경석 / **책임편집** 박민아 / **기획** 김민경 / **편집** 김민경
디자인 표지 · 내지 윤혜원 / **전산편집** 강창효
영업 김형진, 장경환, 조유미 / **마케팅** 박상용, 한종진, 이행은, 김선아, 고광일, 성화정, 김한솔 / **제작** 박성우, 김정우

이 책에 대한 의견이나 오탈자 및 잘못된 내용에 대한 수정 정보는 한빛미디어(주)의 홈페이지나 아래 이메일로
알려주십시오. 잘못된 책은 구입하신 서점에서 교환해드립니다. 책값은 뒤표지에 표시되어 있습니다.

한빛미디어 홈페이지 www.hanbit.co.kr / 이메일 ask@hanbit.co.kr

지금 하지 않으면 할 수 없는 일이 있습니다.
책으로 펴내고 싶은 아이디어나 원고를 메일(writer@hanbit.co.kr)로 보내주세요.
한빛미디어(주)는 여러분의 소중한 경험과 지식을 기다리고 있습니다.

스테이블 디퓨전 으로 만드는 게임 그래픽

크로노스 크라운 야나이 마사카즈 지음
아크몬드(박광수) 옮김

IB 한빛미디어
Hanbit Media, Inc.

주의사항 및 실행 환경

이 책은 원고 작성 시점(2023년 6월)의 각 서비스 이용방법을 정리하고 있습니다. 각 서비스의 이용약관은 단기간에 변경될 수 있습니다. 각 서비스의 이용약관 변경에 유의하시기 바랍니다.

이용약관이나 UI 등이 변경되어 이 책에 기재된 정보와 실제 내용에 차이가 생길 수 있습니다. 각 서비스의 실행 결과(사용자가 얻게 되는 문자 및 이미지 데이터)가 바뀔 수 있습니다. 이 책에 기재된 대로 조작해도 동일한 출력을 얻을 수 없는 경우도 있습니다. 저자 및 출판사는 출판 후 이러한 변경에 대해 책임지지 않습니다.

일반적인 저작권 침해와 마찬가지로 판단합니다. 일반적인 창작과 마찬가지로, 최종적으로 게임의 소재로 사용하는 이미지가 명백히 다른 저작물의 권리를 침해하는 것은 피해야 합니다.

- 이 책은 개인이 AI를 이용한 이미지 생성을 즐기기 위한 가이드입니다.
- 생성된 이미지를 배포(인터넷 공개를 포함해), 판매할 경우 법적 위험을 부담할 수 있습니다.
- 이 책의 저자 및 출판사는 이 책의 운용 결과에 대한 위험에 대해 일체의 책임을 지지 않습니다.
- 이 책의 전부 또는 일부를 출판사의 서면 허가 없이 복제하는 것은 금지되어 있습니다.

Stable Diffusion을 작동하기 위해선 VRAM 4GB는 마지노선입니다. 메모리 절약 설정으로 실행하지 않으면 실패하는 경우가 많습니다. 또한 이미지를 한 장 생성하는 데 40초 정도 시간이 걸립니다. 가능하면 고성능 그래픽 보드를 구입하는 것이 쾌적하게 이미지 생성을 할 수 있습니다.

사용 중인 그래픽 보드를 Windows 운영체제에서 다음처럼 확인할 수 있습니다.

1 작업 표시줄의 검색 상자에서 'dxdiag'를 입력하여 실행합니다.
2 '디스플레이 1' 탭을 선택하여 '디바이스'의 '이름'을 확인합니다.

실습을 진행하기 전에 컴퓨터의 그래픽 보드를 확인하여 어떤 성능과 목적의 제품인지 확인해 두면 좋습니다.

서문

혼자서 게임 개발을 하다 보면 여러 가지 문제에 직면하게 됩니다. 프로그램은 작성할 수 있어도 그림은 그릴 수 없을 수 있습니다. 설령 둘 다 할 수 있다고 해도, 이미지를 만드는 도중에는 프로그래밍이 멈춰버리는 어려움을 겪게 됩니다.

2022년에 이미지 생성 AI가 보급되면서 이런 문제를 해결할 수 있게 됐습니다. 프로그래밍하는 도중에 이미지를 생성해 놓고, 휴식 시간에 생성된 이미지를 확인해 선별하는 것이 가능해졌습니다.

이미지 생성 AI를 통한 게임용 이미지 생성은 동일한 프롬프트와 설정이라면 비슷한 이미지를 만들 수 있는 재현성이 있어 게임 개발과 케미가 좋습니다. 일정한 방법으로 같은 품질의 이미지를 다수 준비할 수 있기 때문입니다.

이 책에서는 이미지 생성 AI 'Stable Diffusion'을 이용해 게임용 각종 이미지를 생성합니다. 또한 VRAM 4GB라는 비교적 낮은 사양의 환경에서도 이러한 작업을 로컬에서 수행하는 방법을 설명합니다. 또한 VRAM이 4GB 미만인 분들을 위해 Google Colab과 같은 온라인 서비스를 활용하는 방법도 소개합니다.

AUTOMATIC1111판 Stable Diffusion web UI를 활용하여 판타지 계열의 동인 게임/인디 게임 이미지 소재를 생성해 봅니다.

이 책은 이미지 생성 AI의 간단한 설명과 사용 방법을 다룬 뒤, '배경', '캐릭터', '아이템', '아이콘', '지도', 'UI 부품' 등의 게임용 소재 이미지 생성 방법과 함께 ChatGPT를 활용하여 게임용 텍스트 데이터를 이미지로 만드는 방법을 소개합니다. 원고는 2023년 2월 말부터 3월 초에 작성되었으며, 6월에 업데이트되었으나 이미지 생성 AI 분야는 빠르게 발전하고 프로그램의 UI가 변경될 수 있음을 감안해야 합니다. 이미지 생성 AI를 사용하여 게임용 소재 이미지를 만드는 방법을 배워봅시다.

2023년 6월

야나이 마사카즈(Yanai Masakazu; 柳井政和)

이 책의 목표

이 책에서는 다양한 게임용 이미지 소재를 만들어 봅니다. 다음과 같이 게임 화면의 소재를 'Stable Diffusion'으로 생성하는 것을 목표로 합니다.

이 책은 필자가 2022~2023년에 동인 게임 'Little Land War SRPG'를 개발하면서 경험한 지식을 중심으로 정리한 것입니다. 필자의 작품 'Little Land War SRPG'은 배경 이미지, 캐릭터 이미지, 무기 및 도구 이미지, 지도 이미지, 대화 상자 등의 UI 부품을 'Stable Diffusion'으로 생성했습니다.

이 게임은 간단하며 빠르게 진행되는 SRPG입니다. 무료 체험판도 있으니 꼭 한 번 플레이해 보세요.

Little Land War SRPG

https://crocro.com/shop/item/llw_srpg.html

이 책에 기재된 URL 링크와 프롬프트 텍스트 등을 제공합니다.

http://www.hanbit.co.kr/src/11183

역자의 말

2개월이라는 짧은 기간 안에 빠르게 번역 작업을 마쳤습니다. 이 책은 이미지 생성 AI를 로컬 PC에서 브라우저로 쉽게 이용할 수 있다는 매력적인 내용을 담고 있습니다. 텍스트만 입력하면 인물, 풍경, 동물 등 다양한 이미지를 생성할 수 있으며, 어떠한 프로그래밍 경험 없이도 사용할 수 있다는 점이 특징입니다.

이 책에서 소개하는 프롬프트를 활용하면 텍스트를 기반으로 한 이미지 생성(txt2img)뿐만 아니라, 인터넷에서 얻은 무료 이미지를 활용하여 새로운 이미지를 만드는 기능(img2img)도 손쉽게 사용할 수 있습니다. Stable Diffusion Web UI를 이용하여 인디 게임에 사용할 수 있는 그래픽 요소를 만들고 싶은 분들에게 추천합니다.

사랑하는 아내 츠카모토 유이(塚本 唯)님께 감사드립니다.

아크몬드(박광수)

역자 소개

아크몬드(박광수)

박광수라는 이름보다 '아크몬드'라는 필명으로 알려진 블로거다. 2004년부터 지금까지 최신 윈도우 정보를 꾸준히 나누고 있다. 지금까지 7회 마이크로소프트 MVP(Windows 부문)를 수상했다. Microsoft 365, Azure 등 마이크로소프트의 최신 기술에 열광한다. 심리학에 관심이 많으며 현재 일본에서 개발자로 일하면서 딥러닝에 많은 관심을 두고 있다. 지은 책으로는 『진짜 쓰는 윈도우 11』(제이펍, 2023), 『윈도우 10 마스터북』(한빛미디어, 2016), 옮긴 책으로는 『처음 배우는 딥러닝 수학』(한빛미디어, 2018), 『파이썬으로 배우는 머신러닝의 교과서』(한빛미디어, 2018) 등이 있다.

『스테이블 디퓨전으로 만드는 게임 그래픽』은 스테이블 디퓨전 기술을 이용한 게임 그래픽 제작의 실질적인 가이드라인을 제공합니다. 스테이블 디퓨전의 원리와 적용 방법, 그리고 스테이블 디퓨전을 활용한 다양한 게임 장르의 그래픽 예시를 소개합니다. 이 책을 통해 이론과 실무를 효과적으로 결합한 접근법으로 스테이블 디퓨전을 활용하여 더 현실적이고 섬세한 게임 그래픽을 제작할 수 있습니다.

윤명식, 메가존클라우드

이 책을 통해 스테이블 디퓨전을 직접 설치하고 적용해보며, 마치 '공각기동대'나 '블레이드 러너'의 컨셉 아티스트나 게임 그래픽 디자이너가 된 듯한 경험을 일주일 동안 즐겼습니다. 책은 주로 게임 그래픽에 초점을 맞추고 있지만, 스테이블 디퓨전 활용을 다루며 게임 개발이 아닌 분야에서도 생성형 AI를 실무에 적용하려는 분들에게 강력히 추천하고 싶습니다.

김영익, AWSKRUG

모두가 이제 AI를 통해 게임 리소스를 만들 수 있다고 이야기하지만, 과연 그래서 어떻게 시작한다는 거지? 라고 생각하며 항상 의문을 가졌습니다. 그런 고민 속에서 만나게 된 『스테이블 디퓨전으로 만드는 게임 그래픽』은 스테이블 디퓨전으로 게임 리소스를 만드는 데 훌륭한 핸즈온 가이드가 될 것입니다. 저자는 실제 게임 제작에 필요한 리소스를 찾고 구현하는 과정을 하나하나 세세하게 안내하면서 독자들이 실제 업무에서 활용할 수 있는 노하우를 전합니다. 특히 스테이블 디퓨전을 사용하는데 그치지 않고, ChatGPT나 기타 다른 외부 툴까지 연계하여 활용하는 방법을 소개함으로써, 게임 제작에 초점을 맞춘 방법들을 제시하고 있습니다. 이 책은 게임 개발 입문자나 취미로 게임 아트를 다뤄보고자 하는 이들뿐만 아니라, 현업에서 일하는 실무자들에게도 AI 아트 제작에 훌륭한 안내서가 될 것입니다.

김효진, 에스지코드랩

이 책은 스테이블 디퓨전을 통한 게임 그래픽 디자인에 대한 내용을 깊이 있게 다뤄 매우 만족스러웠습니다. 체계적으로 구성된 이 책 덕분에 내용을 쉽게 따라가며 학습할 수 있었습니다.
개인적으로 Gen AI에 큰 관심을 가지고 있었는데 이 책을 통해 전문가가 아니어도 이해하기 충분한 수준의 설명과 흥미로운 정보를 얻을 수 있었습니다. 특히 책에 수록된 다양한 팁들은 정말 유용했습니다. 게임 그래픽 디자인 분야에 관심이 있다면 이 책을 추천합니다.

최치영, 클라우드엔지니어

이 책은 스테이블 디퓨전의 세계로 여러분을 안내하는 완벽한 출발점입니다. 기술적인 복잡성을 풀어내고, 스테이블 디퓨전의 기본 설정과 구조에 대해 자세히 설명하여 독자들이 스테이블 디퓨전이라는 도구를 보다 쉽게 사용할 수 있도록 도와줍니다. 특히 프롬프트 기능의 세부적인 사용법을 명확하고 간결하게 제시하며, 작가가 겪은 실패를 공유하여 사용자들이 자신만의 캐릭터와 지형을 만들 때 발생할 수 있는 시행착오를 최소화하는 데 큰 도움이 됩니다.

이주영, EVR 스튜디오 테크니컬 아티스트

목차

PART 01 | 환경 구축과 기초 지식

목차

PART 03 | 배경 생성

목차

PART 05 | 문장 데이터 생성

PART

01

환경 구축과
기초 지식

CHAPTER 01

로컬 환경 구축

Stable Diffusion을 로컬 환경에서 동작하도록 설정해 봅니다.

이 장에서는 '이미지 생성 AI의 보급 과정', '로컬에서의 환경 구축 방법'을 다룹니다. 환경 구축 방법에 대해서는 AUTOMATIC1111판 Stable Diffusion web UI의 도입과 학습 모델 다운로드 및 배치, VAE의 추가에 대해 설명합니다. 또한, VRAM 4GB(NVIDIA GTX 1050 Ti)라는 낮은 사양의 환경에서 배치 파일을 어떻게 설정할지 알려드립니다. 로컬 VRAM을 사용하지 않는 온라인 시스템의 이용 방법은 2장에서 설명합니다.

1.1 이미지 생성 AI의 폭발적인 보급

2022년은 이미지 생성 AI가 폭발적으로 퍼진 해였습니다. 전년도인 2021년 OpenAI의 DALL-E가 발표되었고, 이듬해인 2022년 4월에는 DALL-E2가 초대 제도가 되었고, 7월 20일에는 베타 버전이 공개되었습니다.[1] 당시 필자는 그저 '대단한 게 있구나'하고 우러러 보는 눈으로 이미지 생성 AI를 바라봤습니다. 다른 사람들도 비슷한 상황이었다고 생각합니다.

 DALL-E2

https://openai.com/dall-e-2

이러한 이미지 생성 AI가 대중에게 다가와 폭발적인 관심을 불러일으킨 것은 Midjourney 덕분이었습니다. 2022년 7월 12일 오픈 베타로 서비스를 시작하면서 트위터 등을 중심으로 대량의 이미지가 쏟아져 나오기 시작했습니다.

 Midjourney

https://www.midjourney.com

- 짧은 시간 안에 멋진 이미지를 생성할 수 있다.
- 프롬프트로 이미지 생성을 제어할 수 있다.

---

1 역자주_ 2023년 9월 OpenAI는 DALL-E3를 공개하였습니다.

매력적인 장난감을 선물 받은 아이처럼 많은 사람이 이미지 생성 AI를 접하고 출력 결과와 정보를 공유하기 시작했습니다. 이 흐름을 단번에 가속화한 것이 2022년 8월 22일, Stability AI의 Stable Diffusion 오픈소스화였습니다.

- 어느 정도의 성능을 가진 GPU가 탑재되었다면 자신의 컴퓨터에서 이미지를 생성할 수 있다.
- 온라인상의 Google Colab을 이용하면 GPU 성능이 약한 컴퓨터에서도 이용할 수 있다.

위와 같은 환경이 제공된 것입니다.

Stability AI

https://stability.ai

Stability AI/stablediffusion: High-Resolution Image Synthesis with Latent Diffusion Models

https://github.com/Stability-AI/stablediffusion

Stable Diffusion의 등장으로 이미지 생성 AI의 활용은 '저 높은 곳에 있는 신들의 도구'에서 '가지고 놀 수 있는 인간의 도구'로 바뀌었습니다. 필자 역시 Midjourney가 유료일 때는 그저 바라보기만 했었는데 Stable Diffusion은 곧바로 접해 이것저것 시험해봤습니다.

그 후의 발전은 매우 빨랐습니다. Stable Diffusion의 사용 환경을 자동으로 설치해주는 소프트웨어가 등장하고, 웹 브라우저의 UI로 사용하기 위한 프로그램이 개발되었습니다. 이를 통해 모든 요소가 포함된 환경이 제공되었고, 많은 피드백을 받으며 다양한 환경에서도 작동할 수 있도록 진화해 나갔습니다.

필자도 처음에는 Google Colab에서 Stable Diffusion을 사용했습니다. 하지만 Stable Diffusion Web UI의 등장으로 실행 환경이 충실히 갖추어진 시점부터 로컬 컴퓨터에 환경을 구축하여 사용하고 있습니다.

1.2 사용하는 소프트웨어

이 책에서는 Stable Diffusion을 직접 사용하지는 않고, Stable Diffusion web UI – AUTO-MATIC1111(이후에는 Web UI로 표기합니다)을 이용합니다. Web UI는 필요한 환경을 자동으로 설치하여, 웹 브라우저의 GUI로 조작하는 소프트웨어입니다.

🌐 **AUTOMATIC1111/stable-diffusion-webui: Stable Diffusion web UI**

https://github.com/AUTOMATIC1111/stable-diffusion-webui

▼ Stable Diffusion web UI - AUTOMATIC1111[2]

2 역자주_ Stable Diffusion Web UI 1.6 기준, 버튼은 아이콘으로 변경되었습니다.

Web UI는 업데이트가 잦고 개선 속도가 빠릅니다. 따라서 이 책의 실습 환경과 여러분의 실습 환경은 차이가 있을 수 있습니다. 그럴 때는 최신 정보로 대체해서 따라오길 권합니다. 이 책의 집필 시점(2023년 6월) 당시 버전은 1.4입니다. 이러한 최신 툴을 사용할 때는 공식 문서 자체가 최신 내용을 따라가지 못하는 경우가 많습니다. 그렇기 때문에 블로그 등을 검색하고, 다른 사람의 지식을 흡수하여 활용하는 것이 필수입니다.

▼ 웹 UI의 빈번한 버전업

버전	출시 시기
1.0.0-pre	2023/01/25
1.1.0	2023/05/01
1.2.0	2023/05/13
1.2.1	2023/05/14
1.3.0	2023/05/28
1.3.1	2023/06/02
1.4.0-RC	2023/06/10
1.4.0	2023/06/27
1.5.0	2023/07/25
1.5.1	2023/07/27
1.5.2	2023/08/23
1.6.0-R	2023/08/24
1.6.0	2023/08/31

이 책의 내용을 실제로 따라해 보기 위해선 Windows PC 환경에서 Web UI가 동작하는 것을 전제로 하며, VRAM이 4GB 이상의 그래픽 보드가 없으면 구동할 수 없습니다. 컴퓨터 성능 문제로 불가능하다면, 인터넷에 공개된 Google Colab에서 사용 가능한 버전을 찾아 사용하면 됩니다. 이 방법은 다른 장에서 설명하겠습니다.

다음으로 로컬에 환경을 구축하는 방법을 알려드립니다.

1.3 소프트웨어 설치

환경 구축은 공식 사이트의 Automatic Installation on Windows에 정리되어 있습니다. 이 정보를 확인하여 순서대로 소프트웨어를 설치하고 명령을 실행합니다.

 AUTOMATIC1111/stable-diffusion-webui: Stable Diffusion web UI

https://github.com/AUTOMATIC1111/stable-diffusion-webui

전체적인 설치의 단계는 Python 설치, git 설치, git을 이용한 AUTOMATIC1111/stable-diffusion-webui 설치입니다. 이후 webui-user.bat 실행 등이 있습니다.

① Python 설치[3]
② git 설치
③ git을 이용한 AUTOMATIC1111/stable-diffusion-webui 설치
④ webui-user.bat 실행
⑤ webui-user-my.bat 작성
⑥ 학습 모델의 추가 입수와 배치(필수사항 아님)

주의할 점은 공식 페이지에 나와 있는 Python 버전을 설치해야 한다는 것입니다. 다른 버전을 설치하면 작동하지 않을 수 있습니다. 설치해야 할 Python 버전은 이 책의 집필 시점인 3.10.6입니다.

---

3 역자주_ Python 설치 시 [Add Python 3.10 to PATH]에 체크하여 진행하세요.

Python Release Python 3.10.6 | Python.org

https://www.python.org/downloads/release/python-3106/

git 설치는 git을 다운로드 받아 실행하면 됩니다. git을 사용하면 필요한 파일을 포함하여 프로그램을 다운로드해 줍니다.

 Git · Downloading Package

https://git-scm.com/download/win

다음은 git을 이용한 Web UI 설치입니다. 설치할 폴더에서 명령 프롬프트가 나오면 아래 명령어를 입력하여 실행합니다.

console

```
git clone https://github.com/AUTOMATIC1111/stable-diffusion-webui.git
```

특정 폴더에서 명령 프롬프트를 열려면 탐색기에서 해당 위치를 연 상태에서 주소창에 cmd 를 입력하고 Enter 를 누릅니다. 또는 터미널을 열면 Windows PowerShell이 실행됩니다. Windows PowerShell에서 할 수 있는 작업은 기본적으로 명령 프롬프트와 동일합니다. 어느 쪽이든 상관없습니다(Windows PowerShell은 명령 프롬프트보다 기능이 뛰어납니다). 설치할 폴더는 C 드라이브 바로 아래처럼 폴더의 중첩이 얕은 곳을 선택하는 것이 좋습니다. 설치 과정에서 많은 폴더가 생성되고 대량의 파일이 다운로드됩니다. 경로가 짧을수록 발생하는 문제가 적습니다.

공식 사이트에는 git을 사용하지 않고 zip 파일을 다운로드하여 압축을 푸는 방법도 소개되어 있습니다. 이 방법을 사용해도 됩니다. 그 경우에는 버전을 올릴 때 명령어를 실행하는 것이 아니라 zip 파일의 압축 해제부터 진행하게 됩니다. 이러한 환경 구축 절차는 방법이 변경될 수 있으므로 반드시 공식적인 절차를 확인하기 바랍니다.

❶부터 ❸까지가 완료되면 다음 단계로 넘어갑니다. 이후 〈설치 위치〉는 Web UI를 설치한 경로를 의미합니다.

1.4 webui-user.bat 실행

〈설치 위치〉/webui-user.bat를 실행하면 명령 프롬프트가 나오면서 설치가 시작됩니다. 명령 프롬프트가 나오면서 설치가 시작됩니다.[4] 사실 git으로 Web UI를 도입한 시점에는 설치가 완료되지 않았습니다. webui-user.bat를 실행할 때 필요한 파일을 인터넷에서 다운로드하여 환경을 구축합니다. 파일 다운로드에는 시간이 좀 걸립니다. 통신 환경에 따라 다르지만, 1시간 정도를 예상하는 것이 좋습니다.

Running on local URL: http://127.0.0.1:7860라는 표시가 나오면 설치가 완료된 것입니다. 이 시점에는 학습 모델도 다운로드가 끝났으므로 http://127.0.0.1:7860을 웹 브라우저에서 열면 바로 사용할 수 있습니다.

 Web UI

http://127.0.0.1:7860

---

4 역자주_ webui-user.bat를 실행하여 아래와 같은 에러 메시지가 뜨는 경우, Python 설치 프로그램(python-*.exe)을 다시 실행하여 [Modify] → [Next] → [Add Python to environment variables] 체크 → [Install] 클릭하면 설치 완료됩니다. 그런 다음 webui-user.bat를 다시 실행해 보세요.
--에러 메시지--
Couldn't launch python
exit code: 9009
stderr:
Python
Launch unsuccessful. Exiting.

과거 버전에서는 학습 모델을 별도로 다운로드해야 해서 바로 실행할 수 없었습니다. 당시에는 '계속하려면 아무 키나 누르십시오.'라는 메시지가 나온 후 명령 프롬프트를 종료해 학습 모델을 다운로드해야 했습니다.

1.5 webui-user-my.bat 작성

Web UI에서는 낮은 VRAM용 설정을 하지 않아도 이미지를 생성할 수 있습니다. 하지만 조금 큰 이미지를 만들면 바로 오류가 발생합니다. 따라서 낮은 VRAM에서 실행할 수 있는 배치 파일을 만들어서 그것을 사용하는 것이 좋습니다. 아래 파일을 복사하여 동일한 폴더에 webui-user-my.bat를 만듭니다.

 체크

〈설치 위치〉/webui-user.bat

↓

〈설치 위치〉/webui-user-my.bat (복사한 파일)

webui-user-my.bat의 set COMMANDLINE_ARGS=가 적힌 행을 set COMMANDLINE_ARGS=--medvram --xformers로 바꿉니다.

 bat

```
set COMMANDLINE_ARGS=
↓
set COMMANDLINE_ARGS=--medvram --xformers
```

--medvram(중간 VRAM)은 VRAM이 적은 환경에서의 설정입니다. 그래도 문제가 해결되지 않으면 --lowvram(낮은 VRAM)을 시도해 보세요. --xformers는 메모리 절약과 속도 향상을 위한 설정입니다. 이것을 설정하면 이미지를 다시 생성할 때 이미지가 약간 변하게

됩니다. 이것이 싫다면 해당 설정을 사용하지 않아도 되지만, 기본적으로는 사용하는 것이 좋습니다.[5]

---

5 역자주_ --medvram은 낮은 VRAM 사용량을 위해 일부 성능을 희생하는 Stable Diffusion 모델의 최적화를 활성화합니다. --lowvram은 매우 낮은 VRAM 사용량을 위해 많은 속도를 희생하는 Stable Diffusion 모델의 최적화를 활성화합니다. --xformers은 cross attention layers에 xformers를 사용하도록 설정합니다.

1.6 webui-user-my.bat 실행

webui-user-my.bat를 실행합니다. 필요한 파일이 부족하면 인터넷에서 자동으로 다운로드 및 설치를 진행하게 됩니다. --xformers 인수를 설정하면 최초 실행 시 xformers를 위한 파일이 도입됩니다.

Running on local URL: http://127.0.0.1:7860이 나오면 웹 브라우저를 통해 접속할 수 있습니다. 필자 환경에서는 1분 정도 걸렸습니다. 웹 브라우저에서 http://127.0.0.1:7860를 엽니다. 배치 파일을 실행했을 때 열린 명령 프롬프트는 닫지 마세요. 이것이 Web UI의 본체입니다.

Prompt 입력란에 단어를 입력하고 [Generate] 버튼을 누르면 이미지가 생성됩니다. Web UI와 명령 프롬프트에 중간 진행상황이 막대그래프로 표시됩니다.

▼ 웹 UI로 이미지 생성

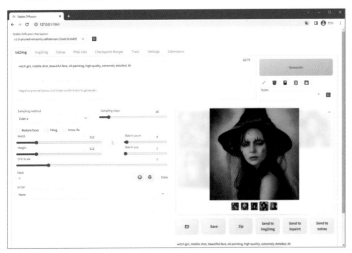

1.7 학습 모델 배치 방법

Web UI에서는 학습 모델 1.5를 처음부터 다운로드해 사용하도록 안내하고 있습니다. 따라서 별도의 학습 모델을 추가하지 않아도 그대로 사용할 수 있습니다.

여기서는 다른 학습 모델을 추가하여 사용하는 방법을 설명합니다. 입수한 학습 모델은 적절한 위치에 배치해야 합니다. 학습 모델을 배치할 수 있는 폴더는 다음과 같습니다.

 체크

〈설치 위치〉/models/Stable-diffusion/

배치한 학습 모델은 종류를 전환하여 사용할 수 있습니다. Web UI 상단의 Stable Diffusion checkpoint 오른쪽 옆에 [Reload] 버튼을 클릭합니다. 배치한 파일이 드롭다운 목록에 반영됩니다. 드롭다운 목록에 배치한 학습 모델이 추가되었는지 확인합니다.

▼ Stable Diffusion checkpoint

학습 모델을 변경한 경우, Loading... 메시지가 표시되면서 잠시 기다려야 합니다. 10분 이상 걸릴 수 있으므로 잦은 전환에는 적합하지 않습니다.

1.8 학습 모델 추가 확보①

학습 모델(model.ckpt)은 Hugging Face라는 사이트에서 제공합니다. Hugging Face는 머신러닝 애플리케이션을 만들기 위한 툴을 개발하는 기업입니다.

https://huggingface.co

▼ Hugging Face

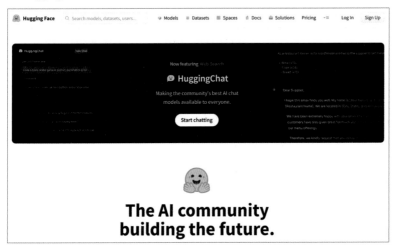

Stable Diffusion의 학습 모델에는 여러 가지 버전이 있습니다. 현재 1.1, 1.2, 1.3, 1.4, 1.5, 2.0, 2.1이 있습니다. 필자는 1.4 시점에서 게임 자료를 만들었습니다.

각 버전의 차이점을 설명해 보겠습니다.

1.1~1.4는 Stability AI에서, 1.5는 Runway에서 나왔습니다. Stable Diffusion의 연구 주체는 CompVis라는 대학 연구 그룹이며, 여기에 Stability AI와 Runway가 참여하고 있습니다. 두 회사는 서로 다른 곳에서 파일을 공개합니다. 1.X 계통이라면 1.5를 사용하면 됩니다.

이후에 소개하는 URL에서 나오는 학습 모델에는 확장자가 .ckpt와 .safetensors이 있습니다. .ckpt는 체크포인트 파일, .safetensors는 .ckpt를 개선한 형식의 파일입니다. safetensors는 안전성이 높아졌고, 고속 처리가 가능합니다. 두 가지 파일이 같은 곳에 배포되어 있을 때는 .safetensors쪽을 다운로드해 사용하면 됩니다.

다음으로 학습 모델 1.4와 1.5를 구할 수 있는 곳을 알려드립니다.

학습 모델 1.4는 아래 URL에서 다운로드할 수 있습니다. 파일은 sd-v1-4.ckpt입니다. 파일 크기는 4.27GB입니다.

 CompVis/stable-diffusion-v-1-4-original at main

https://huggingface.co/CompVis/stable-diffusion-v-1-4-original/tree/main

학습 모델 1.5는 아래 URL에서 다운로드할 수 있습니다. 파일은 v1-5-pruned-emaonly.safetensors입니다. 이 파일도 4.27GB입니다.

 runwayml/stable-diffusion-v1-5 at main

https://huggingface.co/runwayml/stable-diffusion-v1-5/tree/main

2.0은 1.X 계통의 지식을 바탕으로 새롭게 만들어진 학습 모델입니다. 생성되는 이미지의 해상도가 높아졌고, 이미지 크기도 커졌습니다. 그만큼 VRAM을 많이 사용하기 때문에 성능이 떨어지는 그래픽 보드에서는 이용하기 힘듭니다. 또한 2.0에서는 이미지 생성 AI가 생성한 '서투른 손' 등이 예쁘게 나오도록 개선되었습니다. 그리고 다양한 화면 비율로 끊김 없이 이미지를 생성할 수 있습니다. 실사풍의 인체나 넓은 풍경 등을 만들 때 우수한 결과

를 얻을 수 있습니다.

이 책의 집필 시점에는 2.1이 최신 버전이며, 학습 모델 2.1은 아래 URL에서 다운로드할 수 있습니다. 2.1은 이미지의 한 변이 512픽셀을 기준으로 하는 것과 768픽셀을 기준으로 하는 것이 있습니다. 후자가 더 높은 VRAM을 사용하므로 VRAM 4GB 환경이라면 512픽셀 버전을 사용하는 것이 좋습니다.

이 책을 쓰는 시점의 Web UI 권장 모델 설명과 각 링크는 다음과 같습니다. 예전에는 별도의 설정이 필요했지만, 현재는 파일 배치만으로 동작하는 것을 확인했습니다(v2-1_768-ema-pruned-fp16.safetensors 파일로 확인 완료).

 Features-AUTOMATIC1111/stable-diffusion-webui Wiki

https://github.com/AUTOMATIC1111/stable-diffusion-webui/wiki/Features#stable-diffusion-20

768(2.0)

 768-v-ema.safetensors-stabilityai/stable-diffusion-2 at main

https://huggingface.co/stabilityai/stable-diffusion-2/blob/main/768-v-ema.safetensors

768(2.1)

 webui/stable-diffusion-2-1 at main

https://huggingface.co/webui/stable-diffusion-2-1/tree/main

512(2.0)

 512-base-ema.safetensors-stabilityai/stable-diffusion-2-base at main

https://huggingface.co/stabilityai/stable-diffusion-2-base/blob/main/512-base-ema.safetensors

여담으로, Stable Diffusion의 1.X 계통에서는 누군가의 화풍을 그대로 모방하는 행위가 비판을 받았습니다. 2.0에서는 이런 비판을 피하기 위해 제한을 두었습니다. 2.0이 공개된 후, 제한 사항에 대한 불만이 제기되어 약간 완화된 것이 2.1입니다. 따라서 사실적이고 섬세한 이미지를 원한다면 2.X 계통, 특정 화풍의 이미지를 만들려면 1.X 계통이 좋지 않을까 합니다. 게임 소재라는 목적이라면 1.X 계통이 더 좋은 결과가 나올 가능성도 있습니다. 또한 1.X 계통이 VRAM을 많이 요구하지 않기 때문에 낮은 사양의 그래픽 보드에서도 안정적으로 작동한다는 장점이 있습니다.

1.9 학습 모델 추가 확보②

학습 모델(.ckpt나 .safetensors 형식의 파일)은 지금까지 소개한 버전 이외에도 다양하게 제작되어 배포되고 있으며, 2차원 캐릭터를 학습하는 등 특정 용도에 특화된 학습 모델들이 인터넷에 많이 공개되어 있습니다. 게임용 소재를 만드는 경우에는 이러한 학습 모델을 활용하면 좋습니다.

다음은 이 책에서 사용하는 학습 모델을 나열해 놓았습니다. AI Novelist/TrinArt 서비스에서 이용하는 것과 동일한 모델이 공개되어 있습니다. 이 모델은 애니메이션 캐릭터(2차원 캐릭터)에 적합합니다. 파일명은 derrida_final.ckpt입니다.

 naclbit/trinart_derrida_characters_v2_stable_diffusion at main

https://huggingface.co/naclbit/trinart_derrida_characters_v2_stable_diffusion/tree/main

그 밖에도 애니메이션 캐릭터에 적합한 학습 모델은 많이 있으며, 곳곳에서 새로운 데이터가 활발하게 만들어지고 있습니다. 이러한 모델을 이용할 때의 주의할 점도 살펴봅시다.

2차원 계열의 학습 모델은 무단 전재 사이트인 Danbooru의 게시물을 자주 사용하고 있습니다. 태그 수가 매우 많고, 이미지와 단어의 대응이 용이하기 때문입니다. 매우 유용하지만, 무단 전재 사이트를 사용한다는 점에서 문제 삼는 사람도 많습니다.

'Stable Diffusion 모델'로 검색하면 여러 링크를 정리한 페이지를 찾을 수 있으니 참고하기 바랍니다. 또한 캐릭터 외의 이미지(배경이나 물건)를 만드는 것은 지금까지 소개한 학습 모델이 더 잘 작동합니다.

1.10 VAE 추가

VAE는 Variational Auto-Encoder의 약자로, '이미지와 잠재 변수(내부 파라미터)'를 변환하는 부분입니다. 이는 필수 사항은 아니지만, 이 부분을 교체하면 화질을 높일 수 있습니다. 특히 출력 이미지 내 눈이나 글자 등이 잘 뭉개지지 않는 VAE가 공개되어 있습니다.

 stabilityai/sd-vae-ft-ema-Hugging Face

https://huggingface.co/stabilityai/sd-vae-ft-ema

위의 VAE는 train steps의 수치가 클수록 정밀도가 높습니다. 도입하려면 ft-MSE를 구해서 사용하면 됩니다. 입수한 VAE는 아래 폴더에 배치합니다.

 체크

〈설치 위치〉/models/VAE/

그리고 Web UI의 Settings 탭의 왼쪽 열 VAE를 클릭하고 SD VAE에서 배치한 VAE를 선택합니다. 설정을 변경하지 않았다면 Automatic으로 되어 있습니다. 선택했으면 [Apply settings] 버튼을 클릭합니다. 설정을 변경했을 때에는 필요에 따라서 [Reload UI] 버튼도 눌러 주세요.

▼ Settings > VAE

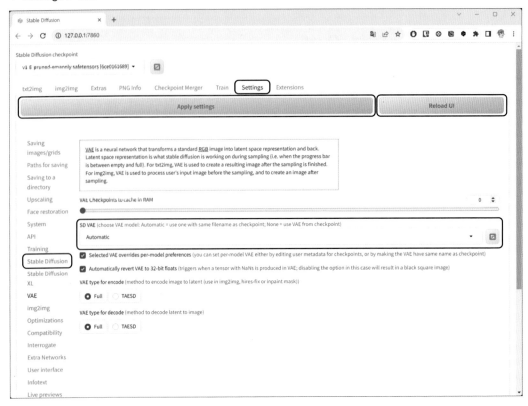

1.11 업데이트 방법

Web UI를 업데이트하고 싶을 때는 설치한 폴더에서 명령 프롬프트를 열어 아래 명령을 실행합니다. 필요한 파일이 다운로드됩니다. 학습 모델과 생성된 이미지 등은 그대로 유지되며, 삭제되지 않습니다.

console

```
git pull
```

이 방법으로 업데이트할 때, 언제나 정상적으로 작동되는 것은 아닙니다. 어떠한 이유로 오류가 발생할 수 있습니다. 하드디스크에 여유가 있다면 안정 버전과 최신 버전을 분리하여 별도의 폴더에 설치하는 것이 좋습니다. 학습 모델 등은 다시 다운로드할 필요가 없으므로 복사해 사용하시기 바랍니다.

CHAPTER 02

온라인 환경 구축

컴퓨터의 성능이 좋지 않다면 온라인에서 Web UI를 사용해 봅니다.

이 장에서는 'Web UI의 온라인 사용'과 '실행 및 조작 방법'을 다룹니다. Google Colab을 이용한 Web UI 사용법을 설명합니다.

2.1 Web UI의 온라인 사용

1장에서는 로컬에서 Web UI 환경을 구축하는 방법을 다루었습니다. 이 방법은 컴퓨터에 4GB 이상의 VRAM이 탑재되어 있어야 한다는 조건이 있습니다. 이 조건을 만족하지 않은 경우에는 클라우드상의 실행 환경을 활용하여 Web UI를 이용할 수 있습니다.

온라인 이용은 Google Colab 등의 온라인 서비스를 이용하면 됩니다. Web UI에는 Google Colab이나 Paperspace에서 사용할 수 있는 것이 몇 가지 준비되어 있습니다. Google Colab은 과거에는 무료 범위 내에서 Web UI를 실행할 수 있었습니다. 하지만 2023년 4월에 약관이 변경되어 무료 범위에서 Web UI 이용이 금지되었습니다. Google Colab을 이용할 때에는 유료 버전을 사용하는 것이 좋습니다. Google Colab의 유료 버전은 한 달에 1,000원 정도이므로 고가의 그래픽 보드를 구입하는 것보다 저렴합니다. 이러한 환경은 계속 변하고 있습니다.[1]

https://github.com/AUTOMATIC1111/stable-diffusion-webui/wiki/Online-Services 은 Google Colab 이외에도 온라인에서 Web UI를 사용하는 링크를 소개합니다. 만약 Google Colab에서 Web UI가 전면 금지되더라도, 대체할 수 있는 곳이 몇 군데 있을 것입니다.

---

[1] 역자주_ 아래 URL에 최신 정보가 게재되어 있습니다. Google Colab을 사용한 Stable Diffusion 사용은 지양하는 것이 좋습니다. 가능하면 로컬 환경을 사용하거나 다른 클라우드 서비스를 이용하기 바랍니다.
———————
참고: 2023년 9월 기준으로 구글은 유료 사용자 여부와 관계없이 모든 사용자에 대해 서버 측에서 모든 형태의 Stable Diffusion (Web UI뿐만 아니라)의 Colab 사용을 의도적으로 제한하고 있는 것으로 보입니다. 이로 인해 Colab 사용이 완전히 금지될 수 있으므로 주의해서 사용하시기 바랍니다.
———————

2.2 Google Colab에서의 이용

앞서 언급된 링크에서 Google Colab으로 Web UI를 이용할 수 있는 환경이 몇 가지 있습니다. 이 책을 집필한 시점에는 다섯 가지가 게재되어 있었습니다.

- maintained by TheLastBen

- maintained by camenduru

- maintained by ddPn08

- maintained by Akaibu

- Colab, original by me, outdated.

마지막 것은 '구식(outdated)'이라고 표기되어 있고, 관리되지 않는 것 같으니 위의 4개가 권장되는 것으로 판단할 수 있습니다. 이 중에서 가장 위에 있는 maintained by TheLast-Ben을 선택하여 실행합니다.

 fast_stable_diffusion_AUTOMATIC1111.ipynb - Colaboratory

https://colab.research.google.com/github/TheLastBen/fast-stable-diffusion/blob/
main/fast_stable_diffusion_AUTOMATIC1111.ipynb

링크를 클릭하면 Google Colab 페이지가 열립니다.

▼ maintained by TheLastBen

여기서 잠깐 용어에 대해 설명합니다.

노트북과 셀

노트북은 Google Colab 내의 프로그램 파일을 말합니다. 이 안에 '셀'이라는 항목을 추가하여 프로그램을 작성합니다.

실행

Google Colab의 셀 왼쪽 끝에는 실행 버튼(오른쪽으로 향하는 삼각형 버튼)이 표시되어 있습니다. 실행 버튼을 누르면 버튼을 둘러싼 원이 빙글빙글 돌게 됩니다. 이후의 설명에서 '실행'이라고 적혀 있는 경우에는 이 버튼을 누릅니다.

실행할 때는 조금 주의가 필요합니다. 다른 셀을 선택하고 있을 때 실행 버튼을 누르면, 첫 번째 클릭으로 셀 선택이 이루어지고, 두 번째 클릭으로 실행이 이루어집니다. 한 번의 클릭으로 실행되지 않을 수 있으므로, 제대로 실행되었는지 육안으로 확인하시기 바랍니다.

패스(경로)

Google Colab에서 현재 사용 중인 파일은 Google Colab의 왼쪽 끝에 있는 폴더 아이콘을 클릭해 파일 트리를 열면 확인할 수 있습니다.

▼ 파일 트리

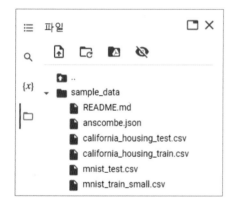

파일 트리에서 경로를 알고 싶을 때는 단축 메뉴에서 '경로 복사'를 선택하면 됩니다. 파일을 업로드하려면 메뉴에서 '업로드'를 선택합니다. 파일 트리의 업데이트에는 약간의 시차가 있습니다. 어떤 파일을 업로드하면 몇 초~수십 초 후에 표시되므로 주의합니다. 업데이트가 되지 않을 경우, 파일 트리를 마우스 오른쪽 버튼으로 클릭하고 '새로고침'을 선택하면 됩니다.

2.3 런타임 유형 변경

maintained by TheLastBen이 나오면 먼저 GPU를 사용하도록 설정합니다. 화면 상단 메뉴의 '런타임'에서 '런타임 유형 변경'을 선택합니다. '런타임 유형 변경' 대화 상자가 나오면 '하드웨어 가속기'를 T4 GPU로 설정하고 저장합니다.

▼ 런타임 유형 변경

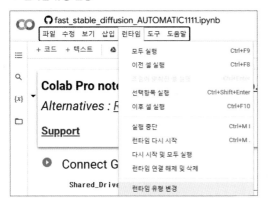

▼ GPU 선택

2.4 Web UI 실행

maintained by TheLastBen을 열고 GPU를 사용할 수 있게 되면 작업을 시작합니다. 다음 작업은 버전업에 따라 빈번하게 변경됩니다. 필요에 따라 읽어주세요.

노트북을 직접 실행하지 않고 자신의 계정에 복사하여 사용할 경우, 메뉴 바로 아래에 있는 'Drive로 복사'를 클릭하여 해당 작업을 진행합니다. 버전업으로 인한 작동 방식 변경이나 갑작스러운 삭제를 방지할 수 있습니다. 물론, 복사하지 않고 그대로 실행할 수도 있습니다.

▼ 드라이브로 복사

이제 각 셀을 실행해 보겠습니다.

● Install/Update AUTOMATIC111 repo

Install/Update AUTOMATIC111 repo를 실행합니다. 8초 정도면 끝납니다.

● Requirements

Requirements를 실행합니다. 18초 정도면 끝납니다.

● Model Download/Load

필요한 경우 Model Download/Load을 설정합니다. 이는 어떤 학습 모델을 다운로드하거나 불러올 것인지에 대한 설정입니다.

Model_Version은 1.5을 선택합니다. 선택지는 SDXL, 1.5, v1.5 Inpainting, v2.1-768px이 있습니다. 또는 Path_to_MODEL에 경로를 작성합니다. Google Drive에 파일을 저장해두고 그 경로를 지정하면 좋습니다. 또는 MODEL_LINK에 URL을 입력합니다. 이때 saf-etensors 체크박스, Use_temp_storage(임시 저장소 사용 여부) 체크박스를 필요에 따라 변경합니다.

● Model Download/Load

Model Download/Load를 실행합니다. 1분 정도 걸립니다.

● ControlNet

ControlNet(이미지를 바탕으로 포즈를 지시할 수 있는 확장 툴)을 사용하는 경우 실행합니다. 여기서는 무시합니다.

● Start Stable-Diffusion 설정

필요한 경우 Start Stable-Diffusion을 설정합니다.
use_localtunnel에서 localtunnel(로컬 터널)을 사용할지를 설정합니다. 이 경우 User와 Password 입력란에 설정합니다.

🌐 localtunnel/localtunnel: expose yourself

https://github.com/localtunnel/localtunnel

이 설정을 통해 Gradio 인터페이스에 인증 정보를 추가합니다. Gradio는 머신러닝 모델을 시연하는 웹 애플리케이션을 만드는 Python 라이브러리입니다. 설정하지 않으면 누구나 접근 가능한 URL로 접속하게 됩니다.

Gradio

https://gradio.app

여기서는 설정을 변경하지 않고, Use_localtunnel을 끈 상태로 둡니다.

● Start Stable-Diffusion 실행

Start Stable-Diffusion을 실행합니다. 완료 신호가 따로 나오지 않으니 주의합니다.

1분 정도 지나면 Running on pubilc URL: https://~.gradio.live라는 행이 나오고 Connected라는 표시가 나옵니다. 이 셀은 Web UI를 사용하는 동안 계속 실행됩니다.

https://~.gradio.live 링크를 클릭하면 별도 창으로 Web UI가 표시됩니다. 경우에 따라 잠시 기다리는 경우도 있지만, 처리가 빠른 경우에는 바로 표시됩니다.

프롬프트를 입력하고 [Generate] 버튼을 누르면 이미지가 생성됩니다.

▼ 이미지 생성

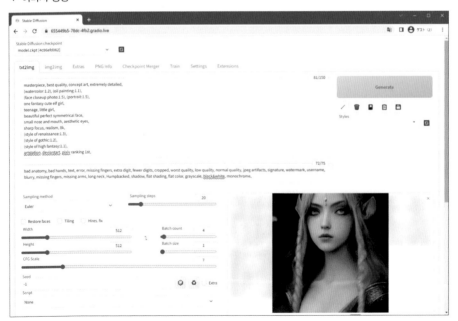

2.5 파일 트리 확인

여기까지 완료된 단계에서 Google Colab의 파일 트리를 열어보면 다양한 파일들이 다운로드 되어 있는 것을 확인할 수 있습니다.

▼ 파일 트리

파일 트리에서 마우스 오른쪽 버튼을 클릭하면 메뉴가 나오고, 파일 업로드 등이 가능합니다. 파일 구성은 동일하므로 모든 작업을 로컬과 동일하게 수행할 수 있습니다. 이후 설명은 로컬의 Web UI를 기준으로 설명하지만 파일 배치는 온라인 버전에서도 동일하게 하면 문제없습니다.

CHAPTER 03

기초 지식

Stable Diffusion의 수많은 설정 중 필수적인 것을 파악해 봅니다.

이 장에서는 'Stable Diffusion에 대하여', 'Web UI의 각종 설정 항목에 대한 설명', '설정 팁'을 다룹니다. txt2img를 중심으로 각 설정 항목이 어떤 의미가 있고, 어떤 결과를 가져오는지 설명합니다. Stable Diffusion을 다루기 위해 필요한 지식을 정리합니다.

3.1 Stable Diffusion에 대하여

간단하게 말하면 텍스트를 이미지로 바꾸는 모델입니다. Stable Diffusion은 확산^{Diffusion} 모델을 사용합니다. 학습 과정에서는 이미지에 점차적으로 노이즈를 올리면서 노이즈가 많은 상태로 만듭니다. 그리고 생성 과정에서는 임의의 노이즈 이미지에서 노이즈를 제거하여 깨끗한 이미지를 만들어 냅니다.

임의의 노이즈 이미지에는 '원래의 이미지'가 존재하지 않습니다. 학습한 정보를 바탕으로 '원래의 이미지'로 보이는 것을 생성합니다. 흔히 오해하는 부분이지만, 학습한 이미지를 이어 붙인 콜라주처럼 이미지를 만드는 것이 아닙니다.

Stable Diffusion에서는 이 노이즈에서 원본 이미지를 복원하는 과정에 텍스트를 벡터화 한 것을 관련 짓고 있습니다. 예를 들어 cat이라는 단어에 '고양이 같다'는 방향과 크기가 있습니다. 그리고 학습된 단어마다 그러한 정보가 있습니다. 이 텍스트의 벡터를 단서로 삼아 임의의 노이즈 이미지에서 '원래의 이미지'로 추정되는 것을 만들어 냅니다.

Stable Diffusion은 이러한 구조로 움직입니다. 이러한 전제를 통해 몇 가지 특성을 알 수 있습니다.

- 단어와 이미지의 대응은 학습한 데이터에 따라 결정된다.
- 학습 모델(단어와 이미지의 연관성)을 바꾸면 같은 입력 문자열이라도 다른 이미지가 생성된다.
- 랜덤 시드(초기 노이즈 이미지)를 바꾸면 동일한 입력 문자열에서도 다른 이미지가 생성된다.

- 몇 단계의 역확산 과정(노이즈를 제거하는 작업)을 거쳐 이미지를 정교하게 만든다. 역확산 과정을 늘리면 시간이 오래 걸리지만 더 세밀해진다.

이러한 특성을 이해하면 Stable Diffusion을 다루기 쉬워집니다. 그럼 실제로 Stable Diffusion을 이용해 봅시다.

3.2 Web UI 설정 및 이미지 생성

Web UI에서 설정할 수 있는 파라미터와 생성된 이미지에 미치는 영향을 살펴봅니다.

▼ Web UI

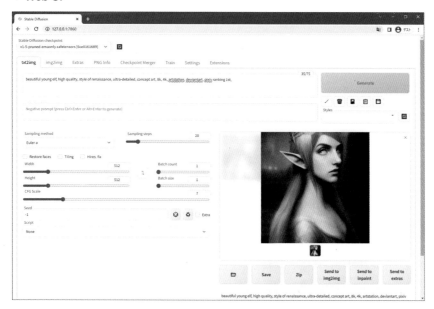

Stable Diffusion checkpoint

▼ Stable Diffusion checkpoint

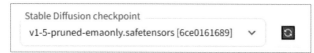

Web UI의 맨 앞에 있는 항목으로, 학습 모델을 전환합니다. 다음 폴더에 배치한 학습 모델 (.ckpt나 .safetensors 형식의 파일)을 선택할 수 있습니다. 전환에는 시간이 걸리므로, 동일한 학습 모델을 사용한 작업을 집중적으로 하는 것이 좋습니다.

 체크

〈설치 위치〉/models/Stable-diffusion/

새로운 학습 모델을 배치한 뒤, 오른쪽에 있는 [리프레쉬] 버튼을 누르면 드롭다운 목록이 갱신됩니다.

탭

▼ 탭

여러 탭이 나열되어 있습니다. 기본적으로 사용하는 것은 txt2img, img2img 두 가지입니다. Extensions(확장 기능)을 추가하면 탭이 늘어나는 경우가 있습니다.

txt2img 탭은 Prompt 입력란에 입력한 문자열로 이미지를 생성합니다.

img2img 탭은 불러온 이미지와 Prompt 입력란에 입력한 문자열로 새로운 이미지를 생성합니다. 또한 img2img에서는 Inpaint 기능을 이용해 이미지의 일부만 다시 작성할 수 있습니다. img2img를 사용하면 사진이나 3D 모델 이미지를 읽어와서, 해당 이미지에 맞는 이미지를 생성할 수 있습니다. 또한 txt2img로 생성한 이미지의 일부를 수정하여 품질을 높일 수도 있습니다. 자세한 사용법은 나중에 설명하겠습니다.

3.3 txt2img

▼ txt2img

txt2img는 Web UI에서 가장 많이 사용하는 탭입니다. 여기서는 생성 및 저장 방법과 각종 설정에 대해 설명합니다.

Generate 버튼

▼ Generate 버튼

이미지 생성을 시작합니다. 생성에는 시간이 걸립니다. [Generate] 버튼을 클릭하면 진행 표시줄이 표시되고, 완료되면 사라집니다.

Prompt

▼ Prompt

35/75
beautiful young elf, high quality, style of renaissance, ultra-detailed, concept art, 8k, 4k, artstation, deviantart, pixiv ranking 1st,

입력 문자열입니다. 입력 문자열은 프롬프트라고 부릅니다. 입력한 문자열에서 벡터를 얻어 이미지를 생성합니다. 여러 단어로 문구를 만들 수 있으며, 여러 문구를 쉼표로 구분하여 쓰면 합성할 수 있습니다. 이에 대해서는 4장에서 자세히 설명합니다.

이 책에서 Prompt는 다음처럼 표기합니다.

👍 **Prompt**

prompt

Negative prompt

▼ Negative prompt

Negative prompt (press Ctrl+Enter or Alt+Enter to generate)

두 번째 입력 문자열입니다. Prompt가 양의 방향으로 벡터를 설정한다면, Negative prompt는 음의 방향으로 벡터를 설정합니다. 예를 들어 Prompt에 cat을 입력하면 고양이로 보이는 이미지를 '생성하는' 힘이 작용합니다. 반면 Negative prompt에 cat을 입력하면

고양이로 보이는 이미지를 '생성하지 않는' 힘이 작용합니다. 이러한 Prompt와 Negative prompt 벡터의 합성 결과로 최종 출력 이미지가 됩니다.

이 책에서 Negative prompt는 다음처럼 표기합니다.

👎 **Negative prompt**

negative prompt

Sampling method

▼ Sampling method

Sampling method

Euler a　　　　　　　　　　　　　　∨

Stable Diffusion에서는 샘플러를 사용하여 역확산(노이즈를 제거하는 작업) 과정의 단계(스텝) 수를 대폭 줄여 속도를 높이고 있습니다. 샘플러에는 여러 종류가 있고, 각기 다른 방식으로 과정을 단축하고 있습니다. 결과가 빠르게 나오는 것도 있고, 느린 것도 있습니다. 각각 역확산 과정을 생략하므로 출력되는 이미지가 달라집니다. 속도뿐 아니라 어떤 이미지를 원하는지에 따라 Sampling method를 다르게 선택해야 합니다.

현재 선택된 값은 Euler a입니다.[1] 끝에 a가 붙은 Sampling method는 단계별로 그림이 크게 달라집니다. 무작위성을 높이고 싶다면 끝이 a인 Sampling method를 선택하는 것이 좋습니다. 보다 정밀한 이미지를 생성하려면 끝에 a가 없는 Sampling methond를 선택하면 좋습니다. Euler처럼 끝에 a가 붙지 않은 것은 단계 수를 늘릴수록 그림이 정교해집니다.

다음 URL에 Sampling method의 예가 게재되어 있습니다. 기본적으로 Euler a 또는 Euler

---

1 역자주_ 번역 시점(2023년 9월 30일)의 기본값은 DPM++ 2M Karras이기 때문에 이렇게 번역했습니다.

가 좋습니다.

Euler a, Euler, LMS, Heun, DPM2, DPM2a, DPM2a, DPM++ 25 a, DPM++ 2M, DPM++ SDE, DPM fast, DPM adaptive, LMS Karras, DPM2 Karras, DPM2 a Karras, DPM++ 25a Karras, DPM ++ 2M Karras, DPM++ SDE Karras, DDIM, PLMS

Sampling steps

▼ Sampling steps

몇 단계를 실행해서 이미지를 생성할 것인지를 정합니다. 기본값은 20이며 최대값은 150입니다. 이 단계 수를 극단적으로 줄이면 노이즈가 충분히 제거되지 않은 이미지가 출력됩니다. 반대로 단계 수를 늘리면 시간이 오래 걸립니다.

기본적으로는 20을 그대로 두면 됩니다. 사진과 같이 세밀한 이미지가 아닌 거친 이미지를 얻고 싶다면 단계 수를 16 정도로 설정해도 좋습니다. 이 장의 뒷부분에 단계별 샘플을 보여줍니다.

Width, Height

▼ Width, Height

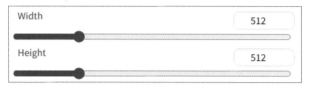

생성할 이미지의 가로세로 폭입니다. 1.X 계통의 학습 모델은 512×512로 학습하고 있으므로 512×512로 생성하는 것이 적당합니다. 1.X 계통에서는 가로 세로 비율을 극단적으로 바꾸거나 크기를 키우면 그림이 깨지는 경우가 많습니다. 2.X 계통에서는 이 문제가 개선되었는데, 2.X 계통으로 768이라는 이름이 붙은 학습 모델은 768×768로 학습하고 있습니다. 이 쪽을 사용하는 경우에는 768×768으로 맞춰 생성하면 좋습니다.

Width, Height 값을 크게 하면 사용하는 VRAM이 늘어나서 생성 완료까지 걸리는 시간이 길어집니다. 또한 낮은 VRAM 환경에서는 오류 발생 원인이 될 수 있어 가급적 크게 설정하지 않는 것이 좋습니다.

필자가 추천하는 방법은 짧은 변을 512로 설정하여 이미지를 생성한 후, 이미지 확대에 특화된 AI 툴로 이미지를 확대하는 것입니다. 실제 작업에서는 이미지를 대량으로 생성하여 채택할 이미지를 육안으로 선택합니다. 대량으로 생성하므로 생성 시간은 짧을수록 좋습니다. 또한 작은 이미지로 생성한 후 별도 도구로 확대하는 것이 좋습니다.

이미지 확대는 어떤 도구를 사용해도 좋지만, 필자는 다음 방법을 자주 사용합니다. 이용하려면 GitHub 계정으로 로그인해야 합니다.

 nightmareai/real-esrgan - Run with an API on Replicate

https://replicate.com/nightmareai/real-esrgan

Restore faces

▼ Restore faces

☐ Restore faces

Restore faces는 얼굴의 품질을 높이는 체크 박스입니다.[2] 사진 같은 이미지를 생성할 때 적합합니다. 일러스트나 애니메이션풍의 이미지를 만들 때는 오히려 반대로 이미지가 깨질 수 있습니다. 게임용 이미지를 만들 때는 체크하지 않는 것이 좋습니다.

Tiling

▼ Tiling

☐ Tiling

Tiling은 배경 무늬 등에 사용할 반복 이미지를 생성하는 체크 박스입니다.[3] 벽지 같은 이미지를 만들 경우에는 체크합니다.

Hires. fix

▼ Hires. Fix

☐ Hires. fix

----

2 역자주_ 현재 최신 버전인 1.6.0에서는 해당 옵션이 Settings → Face restoration로 이동하였습니다.
   https://github.com/AUTOMATIC1111/stable-diffusion-webui/discussions/12912
3 역자주_ 현재 최신 버전인 1.6.0에서는 해당 옵션이 Settings → Face restoration로 이동하였습니다.
   https://github.com/AUTOMATIC1111/stable-diffusion-webui/discussions/12912

이미지를 생성한 후, img2img로 고해상도로 만듭니다. Upscaler(알고리즘)을 선택할 수 있으며, 쓰기가 늘어나는 등으로 출력 이미지가 변화합니다. 이미지 크기를 너무 크게 하면 VRAM 부족으로 오류가 발생합니다.

필자는 이미지를 대량으로 생성하여 확대했기 때문에, 이 기능은 사용하지 않았습니다. 깔끔하게 확대되지 않는 경우도 많습니다.

Batch count

▼ Batch count

Batch count   1

한 번의 실행으로 생성하는 매수이며, 1장씩 순서대로 Batch count 수까지 생성합니다.

이미지 생성 시 주의할 점은 같은 Prompt라도 시드(난수의 초기값)에 따라 생성되는 이미지가 크게 달라진다는 것입니다. 입력한 프롬프트가 자신이 생각대로의 결과를 낼 것인지는 한 장만 생성해서는 판단할 수 없습니다. 여러 장 출력하여 예상한 이미지에 가까운 것이 출력되는 시점에 비로소 프롬프트가 유효하다는 것을 알 수 있습니다.

필자는 다음과 같은 순서로 Batch count의 수를 변경하여 사용하고 있습니다.

1. Prompt에 프롬프트를 입력한다.
2. Batch count를 4로 설정해 실행한다. 예상한 것과 다르면 1로 돌아가서 프롬프트를 개선한다.
3. 예상한 이미지를 출력할 수 있다고 판단되면 Batch count를 16~64로 설정하여 실행한다.
4. 출력된 이미지 중에서 쓸만한 것을 선택한다. 세부적인 수정이 필요하다고 판단되면 출력된 이미지를 img2img에 적용해 이미지를 개선한다.

②의 시점에서 Batch count를 4로 설정하는 데는 이유가 있습니다. 25%의 확률로 예상한 이미지에 가까운 결과가 나올 경우, 생성되는 매수를 늘리면 원하는 이미지를 얻을 가능성

이 높습니다. 또한 4장 정도라면 짧은 시간에 생성할 수 있으니, 짧은 주기로 프롬프트를 개선할 수 있습니다.

Batch size

▼ Batch size

동시에 생성할 이미지의 매수입니다. Batch count는 순서대로 생성하지만 Batch size는 동시에 생성됩니다. Batch size 값이 커지면 한 번에 생성하는 이미지가 늘어나지만 그만큼 VRAM 사용량이 늘어납니다. 매우 넉넉한 VRAM 환경이 아니라면 이 수를 늘리기보다는 Batch count의 수를 늘리는 것이 좋습니다.

CFG Scale

▼ CFG Scale

CFG는 Classifier-free Guidance의 약자입니다. Classifier Guidance는 별도로 준비한 분류기를 이용해 텍스트에서 이미지를 생성하는 방식입니다. 이러한 Classifier Guidance를 '따로 준비하지 않는다'는 의미인 Classifier-free Guidance라는 말이 있습니다. 이 CFG에서는 확산 모델과 분류기를 동시에 학습합니다. 이 분류기의 영향을 강하게 할수록 입력한 문자열을 따른 이미지가 생성됩니다.

CFG Scale의 값이 클수록 입력된 문자열을 따라서 이미지가 생성됩니다. 그 대신 생성되는 이미지의 다양성은 사라지고, 비슷한 이미지만 생성됩니다. 반대로 CFG Scale 값이 작으면 다양한 이미지가 생성되지만, 입력 문자열에서는 예상하기 어려운 이미지가 섞입니다. 어느 쪽이든 극단적으로 크거나 작으면 출력 이미지가 망가집니다.

기본값은 7입니다. 슬라이더의 최소값은 1, 최대값은 30입니다. 게임용 소재를 생성하는 경우, 프롬프트로 연상되는 전형적인 결과 이미지를 얻고자 하는 경우가 많습니다. 그래서 7보다 큰 10이나 12로 생성하기도 합니다. 원하는 이미지를 얻지 못했다고 느꼈을 때는 이 수치를 크게 설정하면 좋은 결과를 얻을 수 있습니다.

시드

▼ 시드

Seed
-1

Stable Diffusion은 임의의 숫자를 기반으로 다양한 이미지를 생성합니다. 난수의 시드 값을 여기서 설정합니다. 시드 값은 계산에서 구할 랜덤 값의 '씨앗seed' 값을 말합니다.[4]

기본값처럼 −1이 설정되어 있는 경우, 랜덤 값을 시드 값으로 Stable Diffusion에 전달합니다. Batch count로 여러 장의 이미지를 생성하는 경우, 2매째부터는 '1씩 크게 한 값'을 시드 값으로 이미지를 생성합니다. 기본적으로 같은 프롬프트, 설정, 시드 값이면 동일한 이미지가 출력됩니다.

입력란의 오른쪽에는 두 개의 버튼이 있습니다. 주사위 버튼을 클릭하면 입력란에 −1이 들어갑니다. 재활용 마크 버튼을 클릭하면 선택한 출력 이미지의 시드 값이 입력란에 들어갑니다. 동일한 구도에서 프롬프트만 바꾸고 싶을 때 유용합니다.

---

4 역자주_ 컴퓨터 프로그램의 랜덤 값은 무작위 수가 아니라 특정 시작 숫자 값을 정해주면 정해진 알고리즘에 따라 마치 난수처럼 보이는 수열을 생성합니다. 이때 설정해주는 특정 시작 숫자를 바로 씨앗(seed)이라고 합니다.
https://yjs-program.tistory.com/177

Script

▼ Script

다양한 프롬프트 조합이나 설정의 변형을 시도하고 싶을 때, 표 형식으로 모아 생성해 주는 기능입니다. 그만큼 시간이 많이 걸리므로 부가 기능이라고 생각하는 것이 좋습니다.

Prompt matrix는 '|'로 구분한 여러 프롬프트의 조합을 표로 만들어 줍니다. X/Y plot은 Prompt, Sampler, Steps 등 설정의 조합을 표로 만들어 줍니다. 강력한 그래픽 보드를 사용하고 있다면 시도해 보는 것도 좋습니다.

출력 이미지

▼ 출력 이미지

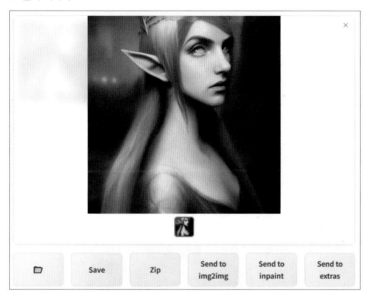

생성된 이미지는 다음 폴더에 들어 있습니다.

 체크

⟨설치 위치⟩/outputs/

outputs 아래에는 출력 내용별로 폴더로 분류되어 있습니다. 개별 이미지의 출력 위치를 알고 있으면, 이전에 생성했던 이미지가 필요할 때 간단히 꺼낼 수 있습니다.

폴더	내용
<설치 위치>/outputs/txt2img-grids/	txt2img로 복수 출력했을 때의 이미지 모음
<설치 위치>/outputs/txt2img-images/	txt2img의 개별 이미지
<설치 위치>/outputs/img2img-grids/	img2img로 복수 출력했을 때의 이미지 모음
<설치 위치>/outputs/img2img-images/	img2img 개별 이미지

txt2img-grids, img2img-grids에 출력되는 이미지는 다음과 같습니다. 한 번에 여러 장을 출력했을 때는 개별적인 이미지뿐 아니라 하나의 이미지에 요약된 '이미지 모음'도 함께 생성됩니다.

▼ 그리드 이미지

다음은 Web UI에서 이미지를 저장하는 방법입니다.

▼ 여러 장의 출력 이미지 중에서 하나를 선택

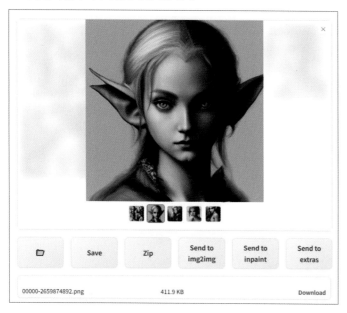

이미지를 선택한 상태에서 [Save] 버튼을 누르면 그 아래에 목록이 나타납니다. 목록에서 [Download]를 클릭하면 이미지를 저장할 수 있습니다.

생성한 이미지를 메모장 등의 텍스트 편집기로 열면 입력한 프롬프트나 설정이 포함되어 있습니다. 이 정보는 Web UI의 PNG Info 탭을 열어 Source 영역에 이미지를 끌어 놓으면 확인할 수 있습니다. 또한 이 설정을 txt2img나 img2img로도 보낼 수 있습니다.

▼ PNG Info

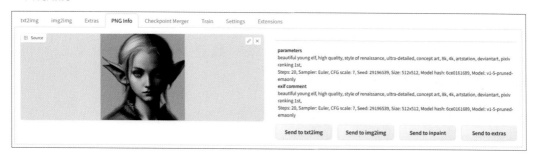

3.4 img2img

▼ img2img

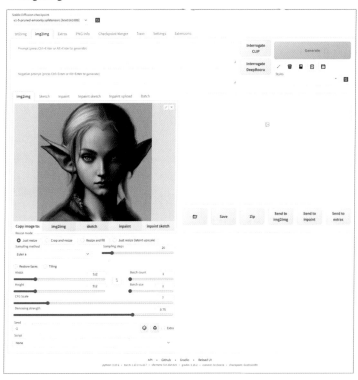

img2img 탭에서는 이미지와 프롬프트를 바탕으로 새로운 이미지를 생성할 수 있습니다. img2img는 다음과 같은 용도로 사용합니다.

• 사진이나 이미지를 바탕으로 다른 그림을 그리기

• 3D 모델 등으로 캐릭터의 포즈 등을 만들어 이를 바탕으로 그림 그리기

• txt2img로 생성한 이미지를 수정하기

img2img 탭 안에는 몇 개의 탭이 더 있습니다.

▼ img2img 내 탭

img2img 탭에서는 이미지를 불러와 새 이미지를 생성합니다.

Inpaint 탭에서는 이미지를 불러온 후 변경하지 않을 부분을 마스크로 써 두고, 그 외의 부분을 재작성해 생성할 수 있습니다. Maskblur의 값을 설정하여 작성한 마스크를 얼마나 흐리게 할지 지정할 수 있습니다.

대부분의 설정은 txt2img와 비슷합니다. 다음은 img2img의 특징적인 설정에 대해 추가로 설명해 봅니다.

▼ Inpaint

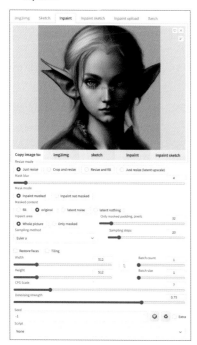

Denoising strength

▼ Denoising strength

Denoising strength는 노이즈 제거 강도입니다. 0으로 설정하면 원본 이미지와 동일한 이미지가 생성되며, 1에 가까울수록 새로운 이미지가 생성됩니다. 입력 이미지에 맞춰서 만들고 싶다면 값을 낮추면 되고, 입력 이미지와 비슷하게 만들 필요가 없다면 값을 높입니다.

Interrogate CLIP

▼ Interrogate CLIP 버튼

Interrogate
CLIP

이미지를 불러온 후 [Interrogate CLIP] 버튼을 누르면 이미지에 대한 설명을 문장으로 만들어 줍니다. 단, 낮은 VRAM에서는 사용할 수 없습니다. 다음은 4.12절 '이미지에서 프롬프트 얻기'에서 자세히 설명합니다.

Interrogate DeepBooru

▼ Interrogate DeepBooru 버튼

Interrogate
DeepBooru

이미지를 불러온 후 [Interrogate DeepBooru] 버튼을 누르면 이미지의 특징을 나타내는 단어 목록을 쉼표로 구분하여 만들어 줍니다. 이 기능은 낮은 VRAM에서도 사용할 수 있습니다. 다음은 4.12절 '이미지에서 프롬프트 얻기'에서 자세히 설명합니다.

3.5 Settings

▼ Settings

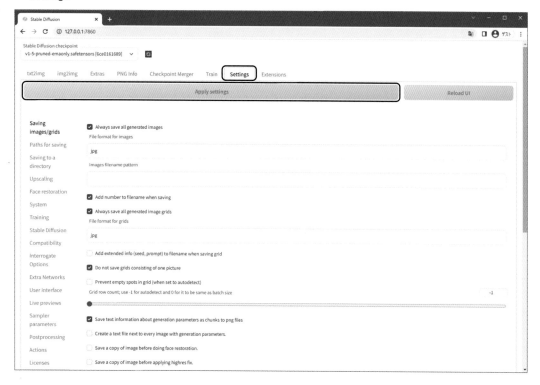

Settings 탭에서는 설정을 변경할 수 있습니다. 모든 것을 설명하기는 어려우므로 핵심적인 부분만 소개합니다. 설정을 변경한 경우, 페이지 상단의 [Apply settings] 버튼을 누르면 설정이 저장됩니다. [Reload UI] 버튼으로 현재 UI에 반영할 수 있습니다.

Saving images/grids

▼ Saving Images/grids

Saving images/grids	☑ Always save all generated images
Paths for saving	File format for images
Saving to a directory	jpg
Upscaling	Images filename pattern
Face restoration	
System	☑ Add number to filename when saving
Training	☑ Always save all generated image grids
Stable Diffusion	File format for grids
Compatibility	jpg

File format for images, File format for grids에서 〈설치 위치〉/outputs에 저장되는 이미지 형식을 지정할 수 있습니다. 기본값은 png이지만, 대량의 이미지를 생성한다면 용량을 고려하여 jpg로 변경하는 것이 좋습니다.[5]

또한 저장된 이미지를 수동으로 지우기 귀찮다면 Always save all generated images, Always save al generated image grids의 체크를 해제하는 것도 하나의 방법입니다.

---

5 역자주_ jpg는 손실 압축이라 Lora 학습 방식의 경우 사용할 이미지를 jpg로 생성하면 곤란할 수 있습니다. 책에서는 대량으로 생성한 후 좋은 결과물을 고르는 방식을 이용합니다. 경우에 맞게 사용하시길 바랍니다.

3.6 단계 수에 따른 출력 이미지의 차이점 예시

단계 수$^{Sampling\ steps}$에 따른 출력 이미지 차이의 예입니다. 프롬프트는 다음과 같습니다.

👍 **Prompt**

beautiful young elf, high quality, style of renaissance, ultra-detailed, concept art, 8k, 4k, artstation, deviantart, pixiv ranking 1st,

학습 모델은 1.5, Sampling method는 Euler입니다. 시드 값은 0으로 고정되어 있습니다. 1단계는 안개처럼 보이는 상태입니다. 3단계에서는 사람 얼굴 같은 형체가 보이기 시작합니다. 4단계에서는 얼굴이 나타났습니다. 5단계에서는 얼굴이 바뀝니다.

▼ 단계 수1 ▼ 단계 수 3 ▼ 단계 수 4 ▼ 단계 수 5

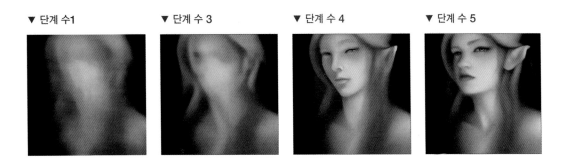

6단계와 7단계는 변화가 적었지만, 8단계에서 얼굴이 크게 바뀌었습니다. 11단계에서 다시 크게 변했습니다. 16단계 전후로 질감이 많이 달라졌습니다. 단계 수의 기본값은 20입니다. 20단계의 이미지는 기본적으로 16단계의 연장선상에 있습니다.

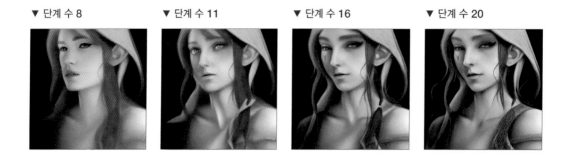

▼ 단계 수 8   ▼ 단계 수 11   ▼ 단계 수 16   ▼ 단계 수 20

25단계가 되면 분위기가 달라집니다. 40단계 정도까지 진행하면 얼굴의 균형이 잡힙니다. 50단계 정도까지 진행하면 몸의 균형이 잡힙니다. 마지막은 단계 수 150으로, 슬라이더의 최대값입니다. 50과 큰 차이는 없습니다. 세부 퀄리티가 올라간 정도입니다.

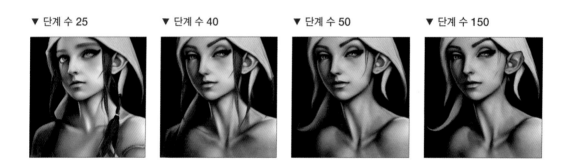

▼ 단계 수 25   ▼ 단계 수 40   ▼ 단계 수 50   ▼ 단계 수 150

실제로 150단계까지 실행하는 경우는 거의 없다고 봅니다. 고화질을 원한다면 50 정도로 올리면 충분합니다. 보통은 20 정도로 문제없음을 알 수 있습니다.

3.7 프롬프트와 설정의 시행착오

실제로 소재를 만들 때는 프롬프트나 설정 값을 세밀하게 변경하면서 원하는 이미지가 나올 때까지 출력을 반복합니다. 다음은 Little Land War SRPG의 실제 사례입니다.

'흙의 정령사'의 이미지를 만들었을 때의 변형들을 소개합니다. 다음은 최종적으로 선택한 이미지입니다.

▼ 최종 선택 이미지

시행착오를 거치면서 만들어진 일부 변형을 보여드립니다. 실제로는 한 캐릭터로 수십 장에서 수백 장의 이미지를 출력해 프롬프트와 파라미터를 조정합니다.

또 다른 주인공 '미미'의 이미지를 만들었을 때의 변형들도 함께 소개합니다. 먼저 최종적으로 선택한 이미지입니다.

▼ 최종 선택 이미지

시행착오를 거치면서 만들어진 일부 변형을 보여드립니다. 좋은 퀄리티의 이미지를 생성하는 것도 중요하지만, 게임 캐릭터의 성격에 맞는 이미지를 선별하는 것 역시 중요합니다.

▼ 시행착오 1　　　▼ 시행착오 2　　　▼ 시행착오 3　　　▼ 시행착오 4

캐릭터뿐 아니라 아이템 생성의 변형도 나열합니다. 다음은 방패 이미지를 생성했을 때의 모습입니다. 다양한 패턴을 출력하여 게임 분위기에 맞는 것을 선별합니다. 대량으로 재촬영^retake하면서 이미지를 선택할 수 있는 것은 AI를 통한 이미지 생성의 장점입니다.

▼ 방패1　　　▼ 방패2　　　▼ 방패3　　　▼ 방패4

CHAPTER 04

프롬프트 이론

Stable Diffusion에 지시 내리는 문자열을 잘 사용해 봅니다.

이 장에서는 'Prompt와 Negative Prompt의 분류', 'Prompt의 종류별 실제 사례', 'Negative Prompt의 종류별 실제 사례'를 다룹니다. 프롬프트의 단어가 어떻게 분류될 수 있는지, 그 분류 안에 어떤 단어가 있는지 설명합니다. 마지막으로 그 단어들을 이용하여 프롬프트를 조합하여 이미지를 생성합니다.

4.1 학습 모델 선정

Stable Diffusion로 텍스트에서 이미지를 생성하려면 학습 모델에 어떤 단어가 학습되어 있는지가 중요합니다. 아무리 열심히 프롬프트를 만들어도 학습 모델에 포함되지 않은 단어라면 출력 결과를 제어할 수 없습니다. 또한 학습 모델을 변경하면 조립할 프롬프트의 내용이 달라집니다.

중요한 것은 학습 모델 선정과 해당 모델이 학습한 데이터를 상상하며 단어를 선택하는 것입니다. 학습 모델에는 기존 학습 모델처럼 사진과 같은 세밀한 이미지에 적합한 것, 기존 모델 이외에서 볼 수 있는 2차원 이미지에 강한 것 등이 있습니다.

배경이나 아이템 이미지를 생성하려면 기존 학습 모델이 좋습니다. 범용적인 데이터가 들어 있어 입력한 프롬프트에 따른 이미지를 생성할 수 있습니다. 애니메이션이나 만화풍의 2차원 캐릭터 이미지를 생성하고 싶은 경우에, 기존 학습 모델로 하기엔 난이도가 높습니다. 2차원 캐릭터에 특화된 학습 모델을 이용하는 것이 더 높은 품질의 이미지가 생성됩니다.

학습 모델에 대해서는 1장을 참고하세요.

4.2 프롬프트의 규칙

프롬프트의 규칙을 살펴봅니다. '단어와 문구', '주의와 강조', '프롬프트 편집'을 차례로 설명합니다. Web UI로 Stable Diffusion에 이미지를 생성할 때, 어떤 프롬프트를 쓰면 좋은지를 먼저 파악해 봅니다.

단어와 문구

프롬프트는 기본적으로 영어로 입력합니다. 한글을 사용할 수 있는 학습 모델이라면 예외입니다.[1] 문장이 아니라 단어의 나열로 입력하고, 각 단어는 공백으로 구분합니다. 그러면한 덩어리의 문구^{phrase}가 됩니다. 다음은 프롬프트와 출력 이미지의 예입니다.

👍 Prompt

gray cat

---

1 역자주_ 프롬프트를 한글로 작성할 수 있는 확장이 있습니다. 검색 엔진에서 Prompt Translator로 탐색하면 정보를 얻을 수 있습니다. https://cantips.com/3818

▼ gray cat

문구는 여러 개를 입력할 수 있으며, 쉼표로 구분합니다. 문구가 여러 개일 경우, 앞에 있는 문구가 우선순위가 더 높습니다. 다음은 쉼표로 구분하는 예시로, 프롬프트와 출력 이미지 입니다.

👍 Prompt

gray cat, glass garden

▼ gray cat, glass garden

Web UI에서는 줄 바꿈을 사용해서 보기 좋게 프롬프트를 쓸 수 있습니다.

👍 Prompt

gray cat,
glass garden

주의와 강조

특정 단어나 문구를 강조하는 표기법도 있습니다. 이를 Attention/emphasis라고 합니다. 이 표기법을 이용하면 중요 단어를 강조하거나 뒤에 있는 문구의 우선순위를 높일 수 있습니다.

다음은 몇 가지 표기법을 소개합니다. (단어: 숫자)의 표기법이 보기 편하고 좋습니다.

표기법	의미
a (word)	1.1배 강조
a ((word))	1.1 × 1.1로, 1.21배 강조
a [word]	1.1배 억제(1/1.1로 줄임)
a (word:1.5)	1.5배 강조
a (word:0.25)	0.25배 강조(1/4로 줄임)
a \(word\)	'(' ')' 이스케이프(프롬프트로 사용 가능)

프롬프트를 만들 때 중요한 것은 단어 자체의 강도, 앞뒤의 우선순위, 강조에 따른 가중치입니다. 단어 자체의 강도는 학습 모델 내에서 해당 단어가 명확한 이미지로 기록되어 있는지 여부입니다. 예를 들어 cat을 입력했을 때, 고양이 이미지가 그대로 나온다면 해당 단어는 명확한 이미지로 기록되어 있습니다. 하지만 뭔가 알 수 없는 이미지가 나온다면 이 단어는 학습되지 않았거나 힘이 약한 것입니다. 그런 단어로 이미지를 잘 생성하기는 어렵습니다. 이러한 경우에는 다른 단어로 프롬프트를 만들거나 학습 모델을 변경해야 합니다.

프롬프트 편집

이미지를 생성하는 도중에 문구의 내용을 단계별로 전환할 수도 있습니다. 이를 Prompt editing이라고 합니다. 전반부는 '사람'으로 생성하고 후반부는 '고양이'로 생성하는 것이 가능합니다.

다음은 Prompt editing 작성 방법입니다. '스텝'에 정수가 들어가면 단계 수(1~Sampling steps의 값까지)이고, 소수(0~1.0)가 들어가면 비율을 나타냅니다. Sampling steps에 소수를 곱한 값이 단계 수가 됩니다. Sampling steps가 20이고, 스텝이 0.4인 경우 8이 됩니다.

표기법	의미
[프롬프트A:프롬프트B:스텝]	스텝 수까지 프롬프트 A, 이후에는 프롬프트 B를 활성화한다.
[프롬프트A::스텝]	스텝 수까지 프롬프트 A, 이후는 없다.
[프롬프트B:스텝]	스텝 수까지 없음. 이후에는 프롬프트 B를 활성화한다.

Sampling steps가 20이고, 프롬프트가 [man:cat:0.4]이면, 1~8단계까지는 man, 9~20단계까지는 cat으로 실행됩니다.

다음은 실제로 출력한 예로, 프롬프트와 출력 결과입니다.

👍 **Prompt**

beautiful [girl:cat:O.1] face, extremely detailed portrait,

▼ Prompt editing

4.3 프롬프트의 분류

프롬프트에는 양의 벡터를 만드는 Prompt와 음의 벡터를 만드는 Negative prompt가 있습니다. 즉, Prompt로 이미지의 방향성을 만들고, Negative prompt로 불필요한 부분을 깎아냅니다.

Prompt에 입력하는 단어나 문구는 크게 다음과 같은 종류가 있습니다.

- 그리는 대상
- 화질 향상
- 화풍과 화가
- 시점과 빛
- 디테일 조작

단어나 문구는 여러 종류에 걸쳐진 것도 있습니다. 따라서 이후 설명에서 중복되어 나올 수 있습니다.

Negative prompt에 입력하는 단어와 문구는 크게 다음과 같은 종류가 있습니다.

- 저화질 제외
- 서투름 제외
- 불필요한 것 제외

다음은 필자가 사용하는 Negative prompt입니다. 고정 Negative로 사용하고 있습니다.

👎 Negative prompt

bad anatomy, bad hands, text, error, missing fingers, extra digit, fewer digits, cropped, worst quality, low quality, normal quality, jpeg artifacts, signature, water-mark, username, blurry, missing arms, long neck, humpbacked, shadow, flat shad-ing, flat color, grayscale, black&white, monochrome, frame,

이어지는 절에서는 각각의 프롬프트에 대해 설명합니다.

4.4 프롬프트: 그리는 대상

'그리는 대상'은 고양이, 인간 전사, 엘프 마법사와 같이 무엇을 그리고 싶은지를 말합니다. man fighter처럼 한 문장으로 쓰는 것이 좋을 수도 있고, 'old man, full armor costume'처럼 특징적인 문구를 나열하는 것이 좋을 수도 있습니다. 그리는 대상은 학습 모델에 달려 있습니다. 잘 생성되지 않는다면 문구를 바꿔서 생성 방식을 변경하는 것이 좋습니다.

또한 여자아이를 그리는 경우 kawaii girl처럼 kawaii[2]를 붙이는 것이 좋고, 한 명만 그리려면 'one, solo' 등으로 지정하는 것이 좋습니다. 각 단어 앞에 'beautiful, detailing'과 같은 형용사를 붙이면 화질이 향상됩니다.

다음은 시드 값을 동일하게 설정하여 두 가지 프롬프트로 출력해 봅니다. 차이를 쉽게 알 수 있도록 Sampling method는 Euler(구도의 변화가 적고 세밀화함)로 지정합니다.

👍 Prompt

girl portrait

👍 Prompt

beautiful detailing kawaii one girl portrait

첫 번째 출력 이미지와 거의 동일한 구도로 두 번째 출력 이미지가 생성되었습니다.

---

2 역자주_ kawaii는 일본어로 '귀여운'이라는 뜻이며, 한국에서도 익숙한 표현입니다. 단어에 따라 결과물이 달라지므로 원문 표현을 그대로 사용하였습니다.

▼ girl portrait

▼ beautiful detailing kawaii one girl portrait

4.5 프롬프트: 화질 향상

학습 모델은 학습된 이미지와 단어의 조합에 따른 벡터를 가지고 있습니다. 또한 기존 학습 모델은 웹의 이미지로 학습됩니다. 따라서 '특정 웹사이트의 이름'이나 '고화질의 이미지에 자주 붙는 태그'를 프롬프트에 포함시키면 그것만으로도 화질이 향상됩니다.

다음은 유명한 화질 향상 문구를 소개합니다. 특정 웹사이트 관련 문구입니다.

Prompt

artstation,
deviantart,
trending artstation,
trending on deviantart,
pixiv ranking 1st,

실제로 이미지를 출력하여 문구가 미치는 영향을 살펴봅니다. 시드 값은 고정해 놓고, Sampling method는 Euler로 하여 여러 변형을 출력합니다. 우선 1장을 출력한 다음, 화질 향상 문구를 추가합니다.

Prompt

beautiful girl selfie

beautiful girl selfie, artstation

beautiful girl selfie, deviantart

beautiful girl selfie, pixiv ranking 1st

▼ 기본 1장	▼ artstation	▼ deviantart	▼ pixiv ranking 1st

artstation에서 큰 변화가 있음을 알 수 있습니다. deviantart는 큰 변화가 없었습니다. pixiv ranking 1st에서는 단숨에 만화나 애니메이션풍으로 바뀌었습니다.

다음은 이미지에 자주 붙이는 태그로, 추가하면 질 높은 이미지의 특징이 반영됩니다.

masterpiece,
best quality,
concept art,
extremely detailed,
ultra-detailed
brilliant photo,
beautiful composition,

```
sharp focus,
4k,
8k,
ray tracing,
cinematic lighting,
cinematic postprocessing,
realism,
```

앞서 pixiv ranking 1st 프롬프트에 이 태그를 모두 붙여서 출력해 봅니다. 단숨에 화질이
좋아졌습니다.

▼ 화질 향상 태그를 여러 개 추가

그 외에도 AAA급의 유명 게임 이름이나 만든 회사 이름, Unity나 Unreal Engine과 같은 게
임 엔진의 이름을 적으면 웹에 고화질의 이미지가 대량으로 존재하므로 화질이 좋아집니
다. 게임에서 쓸 이미지라면 연상되는 게임이나, 비슷한 게임의 이름을 쓰는 방법도 있습니
다. 그러면 비슷하지만 조금 다른 분위기의 이미지를 만들 수 있습니다.

캐릭터 얼굴의 퀄리티를 높여주는 문구도 있습니다. 이것도 활용해 보세요.

Prompt

kawaii cute girl,
cute eye,
small nose,
small mouth,
beautiful face,
brilliant face,
perfect symmetrical face,
fine detailed face,
aesthetic eyes,

4.6 프롬프트: 화풍과 화가

화풍은 미술 양식의 이름을 쓰는 방법과 작가명을 적는 방법이 있습니다. 작가명을 쓰는 방법은 논란의 여지가 있어 2.X 계통 이상에서는 그다지 유효하지 않을 수 있습니다. 화풍이나 화가를 '구체적으로 적는' 방법과 'style of ○○', '○○ style'의 형식으로 쓰는 방법이 있습니다. 예를 들어 배경을 세밀하게 표현하기 위해 신카이 마코토[Makoto Shinkai 3]의 이름을 사용하는 방법을 흔히 볼 수 있습니다.

간단한 미술 양식의 예와 서양 미술사 리스트 URL을 소개합니다.

Prompt

gothic, renaissance, baroque, rococo, chinoiserie, romanticism, realism, victorian painting, japonisme, impressionism, art nouveau, cubism, art deco, surrealism, pop art, japanese anime

 서양 미술사 - 위키백과

https://ko.wikipedia.org/wiki/서양_미술사

바로크[Baroque]풍의 고양이와 자포니즘[Japonism 4]풍의 고양이의 출력 예시를 보여드립니다.

---

3 역자주_ 일본의 애니메이션 감독 겸 소설가입니다. 〈너의 이름은〉, 〈날씨의 아이〉, 〈스즈메의 문단속〉 등을 제작하였습니다.

4 역자주_ 자포니즘 또는 자포니슴은 19세기 중후반 유럽에서 유행하던 일본풍의 사조를 지칭하는 말로, 필립 뷰르트가 최초로 사용하였습니다. https://bit.ly/46z0uIY

다음은 각각의 프롬프트와 출력 결과입니다.

cat,
style of baroque

cat,
style of japonisme

▼ cat, style of baroque

▼ cat, style of japonisme

특정 화풍을 그리는 작가명이나 키워드 목록은 인터넷에 많이 정리되어 있습니다. 'Stable Diffusion artist list' 등의 키워드로 검색하면 됩니다.

키워드와 샘플 이미지가 정리된 웹페이지를 몇 가지 소개합니다. 이러한 목록은 학습 모델이 다르면 효과적으로 작동하지 않을 수 있습니다. 기존 학습 모델인 경우에는 버전을, 다른 학습 모델의 경우에는 해당 학습 모델에 맞는 리스트를 찾는 것이 중요합니다.

list of artists for SD v1.4

https://rentry.org/artists_sd-v1-4

 Stable Diffusion Arist list - Style studies

https://stablediffusion.fr/artists

 SD Artist Collection

https://sgreens.notion.site/sgreens/4ca6f4e229e24da6845b6d49e6b08ae7

애니메이션풍의 이미지를 생성할 때는 애니메이션 제작 회사명이나 대작 게임 이름, 게임 회사명을 지정하면 좋은 결과가 나옵니다.

👍 **Prompt**

cygames, shinkai makoto, kyoto animation, a-1 pictures, p.a. works, atelier-ryza, granblue fantasy, genshin impact, azur lane, love live!, final fantasy, arknights

또한 수채화, 유화, 디지털 페인팅 등 재료나 기법을 지정하는 것도 효과적인 방법입니다. 위키백과의 미술 기법과 몇 가지 재료와 기법을 소개합니다.

 분류: 미술 기법 - 위키백과

https://bit.ly/3GdOhs9

digital painting, oil painting, watercolor, watercolor painting, ink watercolor, acrylic painting, crayon painting, pen art, ball-point pen art, drawing, pencil sketch, pencil drawing, ukiyo-e painting, etching, pointillism, pixel art, stained glass, woodcut, bold line painting,

다음은 몇 가지 기법으로 고양이를 그린 예입니다. 순서대로 에칭(cat, etching), 점묘기법 (cat, pointillism), 스테인드글라스(cat, stained glass), 목판화(cat, woodcut)로 그렸습니다. 그리는 대상이 같아도 출력된 이미지가 크게 다른 것을 알 수 있습니다.

▼ cat, etching

▼ cat, pointillism

▼ cat, stained glass

▼ cat, woodcut

4.7 프롬프트: 시점과 빛

가메라로 피사체를 촬영하듯, 어떤 앵글과 빛으로 촬영할지를 지정합니다. 카메라의 렌즈 이름이나 셔터 속도를 지정하는 방법도 있습니다. 또한 야외의 경우 시간대나 계절을 나타내는 단어를 넣어 생성되는 내용을 제어할 수 있습니다.

시점은 게임의 배경 이미지를 만들 때 중요하게 작용합니다. 인물을 프레임에 넣을 때도 중요합니다. 다음은 원거리와 근거리를 나타내는 문구입니다. 일부는 같은 거리를 나타내는 문구도 있습니다.

👍 Prompt

far long shot, long shot, very wide shot, wide shot, medium shot, west shot, bust shot, close up shot, close up front shot, close-up shot, closeup, head shot, face closeup photo,

다음은 각도의 시점을 추가하는 문구입니다.

👍 Prompt

below view, overhead view, near view, bird view, selfie shot angle, wide shot angle, shot from a birds eye camera angle,

인물 이미지의 경우 다음 문구를 넣는 것도 좋습니다.

Prompt

portrait, snap shot,

풍경화의 경우 다음과 같은 문구를 넣으면 좋습니다.

Prompt

landscape,

풍경화의 질을 높이고 싶다면 다음 문구를 넣으면 좋습니다.

Prompt

upper sunlight, golden sun, upper sunlight and golden sun,

화면 구성이 좋은 이미지를 얻으려면 다음 문구를 추가합니다.

Prompt

beautiful composition,

선명한(고화질) 이미지를 얻으려면 다음 문구를 추가합니다.

Prompt

sharp focus,

화려한 색상으로 표현하려면 다음과 같은 문구를 추가합니다.

bright color contrast,

조명^{lighting} 등으로 사진의 퀄리티를 높이려면 다음 문구를 추가합니다.

soft lighting, cinematic lighting, golden hour lighting, strong rim light, volumetric top lighting, atmospheric lighting, cinematic postprocessing top light, brilliant photo, best shot,

적당히 배경을 넣어주었으면 할 경우에는 다음 문구를 추가합니다.

beautiful background,

4.8 프롬프트: 세부 조작

지금까지는 기본적으로 퀄리티를 높이는 프롬프트가 많았습니다. 이 절에서는 그리는 대상의 디테일을 제어하는 방법을 설명합니다. 사실 이 부분이 가장 어렵습니다.

필자의 경우, 뼈대[5]가 되는 큰 부분을 먼저 지시하고, 세부적인 부분은 나중에 문구로 작성하는 경우가 많습니다. 간단한 예시를 살펴봅니다.

👍 Prompt

```
masterpiece, best quality, concept art, extremely detailed,
one kawaii cute girl,
beautiful perfect symmetrical face,
fantastic long white dress with many frills,
blue long wavy hair,
bust shot, portrait,
upper sunlight and golden sun, sharp focus,
8k, ray tracing, cinematic lighting, cinematic postprocessing,
```

프롬프트가 너무 길어 이해하기 어려우므로, 그리는 대상과 세부 조작만 발췌했습니다.

---

5 역자주_ 원문의 소체(素体)를 뼈대로 번역했습니다. 이는 모형의 제작 등에 있어서 베이스가 되는 인형을 뜻합니다.

one kawaii cute girl,

beautiful perfect symmetrical face,

fantastic long white dress with many frills,

blue long wavy hair,

다음은 출력물입니다.

▼ 세부사항 지시

대략적인 지시 후에 세부적인 벡터를 조정합니다. 잘 반영되지 않을 경우 지시 순서를 바꾸거나 가중치를 조정합니다. 다음은 그리는 대상과 디테일 조작의 치환 부분입니다.

one kawaii cute girl,

beautiful perfect symmetrical face,

(fantastic long white dress with many frills: 1.5),

(blue long wavy hair: 1.7),

다음은 출력물입니다. 특징이 상당히 강조된 것을 알 수 있습니다.

▼ 세부사항 지시

디테일 조작에서 막대기나 실처럼 가느다란 물건은 보통 실패합니다. 특히 활과 화살 같은 것은 엉망이 될 가능성이 높습니다. 인체의 경우 손가락을 잘 표현하지 못합니다. 이런 것들은 '그리지 않도록' 하는 것이 좋습니다. 하지만 필요할 때도 있습니다. 예를 들어 궁병을 그리고 싶을 때는 구도를 잘 짜서 가급적 얇은 것이 화면에 들어가지 않도록 지시를 내리면 좋습니다.

또한 단순한 단어로 잘 생성되지 않는 경우, 특징을 나열하여 생성해야 합니다. 예를 들어 '고블린'으로 원하는 결과가 나오지 않는다면 '초록색에 매부리코와 긴 귀를 가진 사람'과 같이 지시합니다. 필자는 고블린이 잘 생성되지 않은 경우에 다음과 같은 지시를 내렸습니다. 전부 다 쓰면 번거로우므로 Prompt와 Negative prompt의 그리는 대상과 세부 조작 문구만 씁니다.

👍 Prompt

one small man with green face, skinny small body, very long eagle nose, very long ears, green bald head, wrinkled old face and body, in ragged armor, green skin,

yellow face, brown face,

간단한 팁을 알려드립니다. 한 명만 표현하고 싶다면 solo, one 등을 지정하면 좋고, 2차원 여성 캐릭터를 귀엽게 표현하고 싶다면 kawaii, beautiful 등을 지정하면 좋습니다. 또한 young, child, teenage 등을 지정하여 나이를 낮추면 2차원 캐릭터로서 좋은 결과를 얻을 수 있습니다. 체형도 skinny 등 날씬한 체형으로 설정하면 양호한 결과가 나올 수 있습니다. 만드는 사람에 따라서는 가슴을 크게 하는 등의 지시를 넣는 경우도 있을 것입니다.

캐릭터의 디테일을 지시하는 단어는 인터넷에 정리된 페이지가 많이 있습니다. 'AI 프롬프트 자동 생성' 등으로 검색하면 드롭다운 단추로 프롬프트를 생성하는 사이트를 찾을 수 있습니다. 이를 이용해 프롬프트의 큰 틀을 만들고, 거기서 수정해 나가면 편합니다.

🌐 **AI 일러스트 프롬프트 생성기(AI 이미지 / NovelAI / nijijourney / stable diffusion)**

https://programming-school-advance.com/ai-image-generation

또한 인터넷에서 유명한 '원소법전(元素法典)'이라는 프롬프트집도 참고가 됩니다. 원문은 중국어이지만, 몇몇 분들이 번역해 놓았습니다. '원소법전 번역'으로 검색하면 한글로 읽을 수 있습니다. 이러한 생성기나 문서는 Novel AI용이 많습니다. 그대로 이용할 수 없는 것도 있지만, 문구는 많은 참고가 됩니다.

AI 이미지 투고 사이트에서 프롬프트를 확인하는 것도 도움이 됩니다. AI 이미지 투고 사이트는 프롬프트도 함께 표시하는 경우가 많습니다. 이를 확인하면 어떤 프롬프트를 사용하면 원하는 이미지를 얻을 수 있는지 알 수 있습니다.

 PixAI

https://pixai.art

chichi-pui(치치푸이) | AI 일러스트 전용 투고 사이트

https://www.chichi-pui.com

 AI픽터스 | AI 일러스트 투고 SNS 사이트

https://www.aipictors.com

Negative Prompt: 저화질 제외

Negative prompt로 설정하는 단어나 문구를 소개합니다. 다음은 저화질 이미지를 제외하는 프롬프트입니다.

👎 Negative prompt

worst quality, low quality, normal quality, jpeg artifacts, blurry, long neck, hump-backed, flat shading, flat color, grayscale, black&white, monochrome,

'worst quality, low quality, normal quality, jpeg artifacts'는 평가가 낮은 이미지에 자주 붙는 태그입니다. blurry는 사진이 흐릿하게 나온 것을 말합니다. longneck은 목이 너무 긴 일러스트, humpbacked는 '꼽추'라는 뜻으로, 인체가 비틀어져 밸런스가 맞지 않는 그림에 붙는 태그입니다. 'flat shading, flat color'는 색상이 단조로운 것, 'grayscale, black&white, monochrome'은 흑백 이미지입니다.

4.10 Negative Prompt: 서투른 것 제외

Negative Prompt는 AI가 잘 못하는 것을 제외하려는 목적이 있습니다. 주로 인체를 그릴 때 이상하게 그려지는 부분을 제외합니다. 손에 대한 용어가 많고, 손가락 결손이나 다지증 등도 자주 지정됩니다.

신체적 차이나 장애에 쓰이는 단어를 Negative prompt로 설정하는 것은 왠지 꺼림칙한 기분이 듭니다. 아름다운 이미지란 무엇인가를 생각해보게 됩니다.

> 👎 **Negative prompt**
>
> bad anatomy, bad hands, missing fingers, extra digit, fewer digits, cropped, missing arms,

bad anatomy는 해부학적으로 이상한 이미지입니다. 'bad hands, missing fingers, extra digit, fewer digits'는 손이나 손가락이 이상해 보이는 이미지입니다. cropped, missing arms는 결손을 나타냅니다.

▼ 이상한 손

4.11 Negative Prompt: 불필요한 것 제외

Negative Prompt로 불필요한 것을 제외하기 위해 워터마크나 기호 등 문자열을 지정합니다. 모델이 학습한 이미지에는 이러한 것이 포함되어 있어서, 생성된 이미지에도 포함되기도 합니다. 이러한 불필요한 것을 억제하기 위한 문구입니다.

👎 **Negative prompt**

text, error, signature, watermark, username, shadow, frame,

'text, error, signature, watermark, username'은 문자가 섞이는 것을 막기 위한 것입니다. shadow는 불필요한 그림자를 의미합니다. frame은 불필요한 테두리입니다. 다음은 원치 않는 것이 나타난 예로, 문자나 프레임이 생성된 이미지에 들어 있습니다.

▼ 불필요한 것이 섞여 있음

4.12 이미지에서 프롬프트 얻기

Web UI로 생성한 이미지는 PNG Info 탭에서 프롬프트나 설정을 표시할 수 있다는 것을 앞에서 설명했습니다. 그 외에도 일반 사진이나 이미지로 Stable Diffusion용 태그를 생성하는 방법이 있습니다. img2img 탭에 있는 Interrogate CLIP과 Interrogate DeepBooru 두 가지 기능입니다.

▼ Interrogate CLIP과 Interrogate DeepBooru

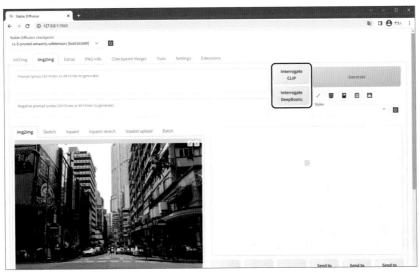

Interrogate CLIP은 이미지 설명을 문장으로 작성하는 기능이고, Interrogate DeepBooru는 쉼표로 구분된 단어의 나열을 생성하는 기능입니다. 두 기능 모두 최초 실행 시에는 파일 다운로드가 수행되니 잠시 기다려야 합니다.

Interrogate CLIP은 VRAM 4GB 환경에서는 오류가 발생해 사용할 수 없습니다. Interrogate DeepBooru는 --lowvram, --medvram 환경에서 모두 사용 가능합니다. Stable Diffusion에서 그대로 이용하기 쉬운 태그 형식으로 출력되는 것은 Interrogate DeepBooru이므로 이쪽만 이용하면 됩니다.

각각 실행하면 Prompt의 입력란(다음 그림의 테두리 위치)에 결과가 출력됩니다.

▼ 실행 결과가 출력되는 위치

다음에 실제 사례를 보여드립니다. 이미지는 무료 사진 소재 사이트에서 다운로드한 홍콩의 거리 풍경 사진입니다.

▼ 홍콩의 거리 풍경 사진

 홍콩의 거리 풍경 무료 사진 - 파쿠타소

https://www.pakutaso.com/20181049302post-18263.html

각 Interrogate의 실행 결과는 다음과 같습니다.

Interrogate CLIP

--lowvram으로 실행하면 반응이 없다가 20초 정도 후에 콘솔에 표시가 시작되고, 1분 정도 지나면 오류가 나옵니다. 오류는 나오지만, 결과는 도중까지 출력됩니다.

Prompt

a city street with tall buildings and a few people walking on the sidewalk and cars parked on the street<error>

Google Colab에서 실행하면 13초 만에 결과가 나옵니다. 이쪽은 정상적으로 실행할 수 있었습니다. 출력 결과는 다음과 같습니다.

Prompt

a city street with tall buildings and a few people walking on the sidewalk and cars parked on the street, city background, international typographic style, a detailed matte painting, Cui Bai

Interrogate DeepBooru

--lowvram으로 실행하면 17초 만에 결과가 나옵니다. --medvram으로 실행하면 11초 만에 결과가 나옵니다. Google Colab에서 실행하면 5초 만에 결과가 나옵니다. 출력 결과는 다음과 같습니다.

building, car, city, cityscape, crosswalk, neon_lights, outdoors, real_world_location, road, road_sign, scenery, sign, skyscraper, street, tokyo_¥(city¥)

동일한 프롬프트로 txt2img 실행

Interrogate DeepBooru에서 출력된 프롬프트를 입력 문자로 하여 txt2img로 이미지를 생성해 봅니다. 이미지의 가로 세로 비율을 맞추기 위해 가로 768픽셀, 세로 512픽셀로 설정합니다. 출력된 이미지가 비슷한 분위기로 생성되는 것을 확인할 수 있습니다. 이 기능을 이용하면 이미지에서 프롬프트를 얻어, 비슷하지만 전혀 다른 이미지를 생성할 수 있습니다.

▼ 생성된 이미지1

▼ 생성된 이미지2

▼ 생성된 이미지3

▼ 생성된 이미지4

4.13 프롬프트 예시

실제로 프롬프트를 작성해 봅시다. 이 책은 게임의 소재 이미지를 생성하는 것을 목적으로 합니다. 게임의 배경 이미지와 캐릭터 이미지를 생성해 봅시다.

배경 이미지

우선 배경으로 사용할 이미지입니다. Width를 896으로, Height를 512로 설정합니다. 이 화면비율$^{aspect\ ratio}$은 가로 1920, 세로 1080의 이미지와 거의 같습니다. 생성된 이미지를 이미지 확대 AI 등을 통해 해상도를 높이면 1920×1080 크기의 화면을 쉽게 얻을 수 있습니다. 다음은 프롬프트입니다. Prompt와 Negative prompt를 소개합니다.

Prompt

bright color contrast,
beautiful detailing landscape painting,
masterpiece, best quality, concept art, extremely detailed,
digital painting, oil painting, (watercolor painting: 1.2),
ray tracing, beautiful composition,
(wide river: 1.1},
green grassland,
blue sky of summer, daytime,
upper sunlight and bright golden sun,
style of renaissance and gothic,
(style of high fantasy: 1.2),

far long shot, below view, brilliant photo,

sharp focus, atmospheric lighting, realism,

8k, ray tracing, cinematic lighting, cinematic postprocessing,

text, error, worst quality, low quality, normal quality, jpeg artifacts, signature, watermark, username, blurry, shadow, flat shading, flat color, grayscale, black&white, monochrome, frame, human, body, boy, girl, man, woman, mob,

다음은 출력된 이미지입니다. 같은 프롬프트이라도 시드 값이 다르면 다른 이미지가 생성됩니다.

▼ 배경 이미지1

▼ 배경 이미지2

▼ 배경 이미지3

캐릭터 이미지

다음은 캐릭터 이미지입니다. 소녀 전사를 생성합니다. Sampling method는 Euler로, CFG Scale은 10으로 설정합니다. Prompt와 Negative prompt를 소개합니다.

👍 **Prompt**

(watercolor painting: 1.3), (oil painting: 1.2),

(style of gothic: 1.3),

(style of renaissance: 1.2),

(style of high fantasy: 1.1),

(bust shot: 1.5), (portrait:l.5),

bright color contrast,

masterpiece, best quality, concept art, extremely detailed,

(fantasy full armor costume: 1.1),

one kawaii cute girl,

beautiful perfect symmetrical face,

small nose and mouth, aesthetic eyes,

long wavy hair,

teenage, little girl,

sharp focus, realism, 8k,

(style of granblue fantasy:0.7),

(style of genshin impact:0.3},

(artstation:0.3}, (deviantart:0.3), (pixiv ranking 1st :0.3),

---

👎 Negative prompt

bad anatomy, bad hands, text, error, missing fingers, extra digit, fewer digits, cropped, worst quality, low quality, normal quality, jpeg artifacts, signature, water-mark, username, blurry, missing fingers, missing arms, long neck, humpbacked, shadow, flat shading, flat color, grayscale, black&white, monochrome,

출력 결과를 보여드립니다. 생성한 32장 중에서 가장 괜찮은 3장을 선택했습니다. 캐릭터는 시드 값에 따라 편차가 심해 원하는 이미지가 좀처럼 나오지 않습니다.

▼ 캐릭터 이미지1

▼ 캐릭터 이미지2

▼ 캐릭터 이미지3

4.14 실제 게임에서의 화풍 만들기

게임에서는 어느 정도 통일감을 가진 캐릭터나 소재를 만들어야 합니다. 여기서는 Little Land War SRPG에서 캐릭터를 만들어가는 과정을 보여드립니다. 수백 장을 출력했지만, 특징적인 시점을 뽑아 정리했습니다. 실제로는 이도 저도 아닌 이미지를 대량으로 생성했습니다.

▼ 시행착오 과정1

▼ 시행착오 과정2

▼ 시행착오 과정3

▼ 시행착오 과정4

▼ 시행착오 과정5

▼ 시행착오 과정6

PART
02

캐릭터
생성

CHAPTER 05

캐릭터 생성

등장 캐릭터의 이미지를 대량으로 원할 때, Stable Diffusion으로 게임용 캐릭터 이미지를 생성해 봅니다.

이 장에서는 '캐릭터 이미지 생성'을 다룹니다. 게임용 얼굴 이미지 생성, 포즈를 취하는 방법, 디테일을 지정하는 방법 등을 설명합니다.

5.1 캐릭터 이미지 생성

게임 캐릭터 이미지는 여러 활용법이 있습니다. 하나는 RPG나 SRPG^{Simulation Role-playing Game}[1]의 얼굴 이미지처럼 고정된 이미지를 쓰는 방법이며, 또 하나는 노벨^{Novel} 게임[2]처럼 동일한 캐릭터에게 다양한 연기를 시키는 방법입니다.

이미지 생성 AI는 기본적으로 임의의 노이즈를 기반으로 이미지를 만들어 내는 도구이므로, 다양한 종류의 이미지를 생성하는 데 적합합니다. 따라서 여러 종류의 캐릭터 얼굴 이미지를 만드는 전자의 방법을 잘합니다. 반대로 같은 캐릭터로 다양한 이미지를 만드는 후자의 방법은 서투릅니다.

후자의 방법을 수행하려면 특정 캐릭터의 특징을 학습시켜서 그에 맞는 이미지를 출력하게 만들어야 합니다. 학습을 위해서는 최소 6GB의 VRAM이 필요합니다(학습된 모델의 이용 자체는 4GB로도 가능합니다). 안타깝게도 필자는 VRAM이 4GB인 환경이므로, 실행 후 얼마 지나지 않아 메모리 부족으로 에러가 발생했습니다. 7장에서는 Google Colab을 이용해 학습하는 방법을 소개합니다.

포즈에 대해서는 2023년 2월 중순에 나온 ControlNet이 유용합니다. 드로잉 인형의 이미지 등을 바탕으로 원하는 포즈의 이미지를 출력할 수 있습니다. 이 기능은 VRAM 4GB 환경에서도 사용할 수 있고, 6장에서 자세히 설명합니다.

---

1 역자주_ 롤플레잉 게임과 (전략)시뮬레이션의 합성어입니다. 턴제, 헥사 배틀 방식과 롤플레잉 특유의 성장, 장비, 스킬 사용 등을 이용한 방식의 게임입니다. https://troyboy.tistory.com/23

2 역자주_ 노벨 게임은 텍스트 어드벤처 게임의 하위 장르로, 게임 지문이 전부 소설처럼 서술되어 있고 선택지를 통해 분기점을 보면서 스토리를 감상하는 게임 장르입니다. https://bit.ly/3unfLc8

5.2 캐릭터 얼굴 이미지를 여러 종류 만들기

게임 개발용으로 얼굴의 클로즈업 이미지를 많이 만드는 것은 AI가 서투른 '손'을 포함하지 않아도 되므로 제법 효과적입니다. 이 경우에는 먼저 표준이 되는 캐릭터를 만듭니다. 그때 화풍을 제어하는 문구를 많이 넣습니다. 또한 시점도 지정해서 고정된 시점의 이미지를 만들도록 하고 캐릭터 부분만 문구를 교체해 나갑니다.

실제로 이미지를 만들어 봅시다. 2차원 캐릭터를 만들 것이므로 학습 모델은 derrida_final. ckpt를 선택합니다.[3] 다음 프롬프트의 'one fantasy kawaii cute girl, teenage, little girl,' 부분이 그리는 대상이고, 그 외의 부분은 화풍이나 시점을 통일하는 프롬프트입니다. 프롬프트의 단어와 순서, 가중치는 선택하는 학습 모델에 따라 달라집니다.

👍 **Prompt**

masterpiece, best quality, concept art, extremely detailed,
(watercolor: 1.2), (oil painting: 1.1),
(face closeup photo: 1.5), (portrait: 1.5),
one fantasy kawaii cute girl, teenage, little girl,
beautiful perfect symmetrical face, small nose and mouth, aesthetic eyes,
sharp focus, realism, 8k,
(style of granblue fantasy: 1.1), (style of genshin impact:0.9),
(style of renaissance:0.7), (style of gothic:0.6), (style of high fantasy:0.5),
artstation, deviantart, pixiv ranking 1st,

---

3 역자주_ 웹 사이트(https://huggingface.co/naclbit/trinart_derrida_characters_v2_stable_diffusion/tree/main)에서
derrida_final.ckpt 파일을 다운로드할 수 있습니다. 내려 받은 파일은 〈설치 위치〉/models/Stable-diffusion에 붙여 넣으세요.

bad anatomy, bad hands, text, error, missing fingers, extra digit, fewer digits, cropped, worst quality, low quality, normal quality, jpeg artifacts, signature, water-mark, username, blurry, missing fingers, missing arms, long neck, humpbacked, shadow, flat shading, flat color, grayscale, black&white, monochrome,

다음은 출력된 이미지입니다. 비슷한 화풍과 구도로 이미지가 생성되었습니다.

▼ fantasy girl1

▼ fantasy girl2

▼ fantasy girl3

▼ fantasy girl4

각 문구의 순서와 가중치에 따라 출력되는 이미지의 화풍이 달라집니다. 4장씩 출력하여 어느 정도 원하는 화풍이 구축되면 캐릭터의 변형을 만들어 봅니다. 이후에는 그리기 대상을 'one middle age muscle man, fantasy fighter, full armor costume,'으로 바꾸어 이미지를 생성해 봅니다. 다음은 프롬프트입니다.

masterpiece, best quality, concept art, extremely detailed,
(watercolor: 1.2), (oil painting: 1.1),
(face closeup photo: 1.5), (portrait: 1.5),
one middle age muscle man,
fantasy fighter, full armor costume,
beautiful perfect symmetrical face,
small nose and mouth, esthetic eyes,
sharp focus, realism, 8k,
(style of granblue fantasy: 1.1), (style of genshin impact:0.9),
(style of renaissance:0.7), (style of gothic:0.6), (style of high fantasy:0.5),
artstation, deviantart, pixiv ranking 1st,

출력된 이미지는 다음과 같습니다. 그림의 화풍과 구도는 동일하며, 그리는 대상이 달라진 것을 알 수 있습니다.

▼ fantasy fighter1

▼ fantasy fighter2

▼ fantasy fighter3

▼ fantasy fighter4

몬스터를 만들 때도 동일한 방법으로 진행해 봅니다. 몬스터의 명칭을 넣어도 좋은 결과가 나오지 않을 수 있습니다. 이럴 때는 몬스터의 특징을 나열해 가며 이미지를 생성합니다. 늑대인간을 만들어 봅니다. 'werewolf, wolf head, beast golden eyes,' 부분이 그리기 대상입니다. werewolf뿐 아니라 그 특징도 프롬프트로 부여하고 있습니다. 이때 프롬프트의 문구 갯수는 앞에서 소개한 두 문구(fantasy girl, fantasy fighter)와 동일하게 하는 것이 좋습니다. 숫자가 달라지면 배분되는 비율이 바뀌어 그림이 깨질 가능성이 있습니다.

👍 Prompt

```
masterpiece, best quality, concept art, extremely detailed,
(watercolor: 1.2), (oil painting: 1.1),
(face closeup photo:1. 5), (portrait: 1.5),
werewolf, wolf head, beast golden eyes,
sharp focus, realism, 8k,
(style of granblue fantasy: 1.1), (style of genshin impact:0.9),
(style of renaissance:0.7), (style of gothic:0.6), (style of high fantasy:0.5),
artstation, deviantart, pixiv ranking 1st,
```

출력된 이미지입니다. 동일한 화풍과 구도로 몬스터 이미지가 생성된 것을 알 수 있습니다.

▼ werewolf1

▼ werewolf2

▼ werewolf3

▼ werewolf4

5.3 캐릭터에 포즈를 취하게 하기

캐릭터에 포즈를 취하게 하는 방법은 여러 가지가 있지만, 프롬프트만으로 지시하는 것은 어렵습니다.

첫 번째 방법은 3D 드로잉 인형으로 포즈를 만든 후 그 이미지를 바탕으로, img2img로 이미지를 출력하는 방법입니다. 이 방법은 간편하지만, 정확도가 높지 않습니다.

두 번째 방법은 동일하게 3D의 드로잉 인형으로 포즈를 만든 후 해당 이미지를 바탕으로, ControlNet을 사용하여 txt2img로 이미지를 출력하는 방법입니다. 이 방법은 정확도가 매우 높아 포즈를 반영해 주지만, 확장 프로그램을 추가로 설치해야 합니다. 또한 VRAM 4GB 환경에서는 webui-user-my.bat의 설정을 --medvram으로 했을 때는 동작하지 않기 때문에 --lowvram으로 설정해야 하며, 생성 속도는 상당히 느립니다.

첫 번째 방법으로 만족스러운 결과를 얻지 못했다면, 두 번째 방법도 시도해 보세요. ControlNet을 사용하는 방법은 6장에서 설명합니다.

3D 드로잉 인형 사용

다양한 방법으로 3D 드로잉 인형 이미지를 만들 수 있습니다. CLIP STUDIO PAINT를 사용 중이라면 드로잉 인형을 배치하고 포즈를 취하게 할 수 있고, Blender를 사용 중이라면 직접 모델을 만들어 포즈를 취하게 할 수 있습니다.

▼ CLIP STUDIO PAINT

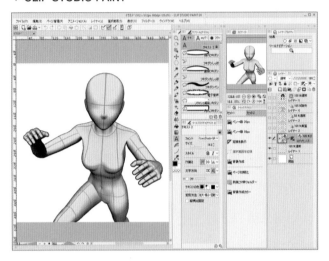

▼ blender

이러한 방법을 사용할 수 없는 경우, 3D 캐릭터를 조작할 수 있는 무료 소프트웨어를 사용하는 것도 좋습니다. 웹 브라우저에서 사용 가능한 소프트웨어를 몇 가지 소개합니다.

 Magic Poser Web

https://webapp.magicposer.com

▼ Magic Poser Web

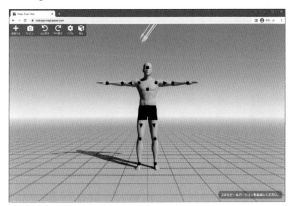

 JustSketchMe - Character posing for artists

https://app.justsketch.me

▼ JustSketchMe

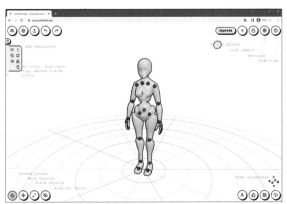

▼ PoseMy.Art

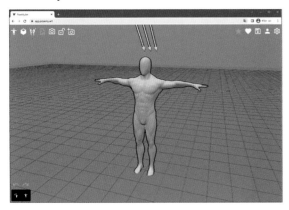

밑그림 이미지를 만들 때 배경을 흰색으로 만들면 출력 이미지도 배경이 흰색으로 나오기 쉽습니다. 배경을 나타내려면 사진이나 이미 만든 풍경 이미지를 합성하는 것이 좋습니다.

img2img로 이미지 생성

3D 드로잉 인형을 밑그림으로 하여 img2img로 이미지를 생성합니다. img2img에서는 Denoising strength가 0에 가까울수록 원화와 비슷해집니다.

먼저 좀비를 생성합니다. 포즈가 조금 이상해도 좀비라서 어느 정도 무시할 수 있습니다.

입력 이미지는 다음을 이용합니다. CLIP STUDIO PAINT의 드로잉 인형을 색칠한 것입니다. 처음에는 그레이 스케일 이미지를 이용했는데, 인식이 잘되지 않아 색을 입혔습니다.

▼ 입력 이미지

프롬프트는 다음을 사용합니다. CFG Scale은 7.5로, Denoising strength는 0.6으로 설정합니다.

masterpiece, best quality, concept art, extremely detailed,
(watercolor:1.2), (oil painting:1.1),
(zombie: 1.9),
sharp focus, realism, 8k,
(style of granblue fantasy: 1.2), (style of genshin impact:0.3),
(style of high fantasy: 1.1), (style of renaissance:0.7), (style of gothic:0.6),
artstation, deviantart, pixiv ranking 1st,

bad anatomy, bad hands, text, error, missing fingers, extra digit, fewer digits, cropped, worst quality, low quality, normal quality, jpeg artifacts, signature, watermark, username, blurry, missing fingers, missing arms, long neck, humpbacked, shadow, flat shading, flat color, grayscale, black&white, monochrome,

다음은 출력 이미지입니다. 입력된 이미지와 비슷한 포즈를 취하고 있습니다. 하지만 좋은 결과가 나올 확률이 낮아서 수십 장을 출력한 결과 중에 골랐습니다. 그리고 포즈를 올바르게 인식하지 못하는 경우가 있으므로 인식되기 쉬운 포즈를 고안할 필요가 있습니다.

▼ 좀비1

▼ 좀비2

다음은 남자 전사 캐릭터입니다. 입력 이미지는 다음을 사용합니다. CLIP STUDIO PAINT 의 드로잉 인형을 색칠한 것입니다. 얼굴과 몸을 구분해서 색을 칠합니다. 전부 피부색으로 하면 알몸 이미지가 생성되기 때문입니다.

▼ 입력 이미지

프롬프트는 다음을 사용합니다. Negative prompt는 방금 전과 동일합니다. CFG Scale은 7.5로, Denoising strength는 0.7로 생성합니다.

masterpiece, best quality, concept art, extremely detailed,
(watercolor: 1.2), (oil painting: 1.1),
one middle age muscle man,
fantasy fighter, full armor costume,
beautiful perfect symmetrical face,
small nose and mouth, aesthetic eyes,
sharp focus, realism, 8k,
(style of granblue fantasy: 1.1), (style of genshin impact:0.9),
(style of renaissance:0.7), (style of gothic:0.6), (style of high fantasy:0.5),
artstation, deviantart, pixiv ranking 1st,

다음은 출력 이미지입니다. 포즈 인식률이 낮아서 수십 장의 이미지를 출력하여 쓸만한 이미지가 몇 장 나오는 정도입니다. 이번에는 70장 정도 생성해 5장 정도 쓸만한 이미지가 나왔습니다. 이 방법보다 ControlNet을 이용한 방법이 포즈를 더 잘 잡아줍니다.

▼ 전사1

▼ 전사2

5.4 캐릭터에 정보 추가

게임용 소재를 만들 때 캐릭터의 머리 색깔이나 옷 색깔을 지정하는 경우가 많습니다. 그리고 안경을 씌우거나, 리본을 달거나, 무기를 들게 하는 경우도 있습니다. 이럴 때 긴 문구로 설명하는 것도 한 가지 방법이지만, 잘 안되는 경우가 많았습니다.

좋은 결과가 나왔던 방법을 적어봅니다. 큰 틀을 먼저 선언하고, 세세한 부분은 나중에 써서 가중치를 부여하는 방식입니다. 예를 들면 캐릭터의 개요를 선언한 후에 '머리카락 색은 초록색'과 같이 나중에 세부 정보를 지정하는 방식입니다. 이 방법은 캐릭터를 다수 만들 때도 유용합니다.

다음은 프롬프트에 '(green hair:1.4), (green eyes:1.4), (silver iron armor:1.5),'로 세부 정보를 지정한 부분입니다.

Prompt

masterpiece, best quality, concept art, extremely detailed,
(watercolor:1.1), (oil painting:0.9),
one middle age muscle man,
(fantasy fighter: 1.1), full armor costume
(green hair:1.4), (green eyes: 1.4), (silver iron armor: 1.5),
sharp focus, realism, 8k,
(style of granblue fantasy: 1.3), (style of renaissance:0.7),
artstation, deviantart, pixiv ranking 1st,

bad anatomy, bad hands, text, error, missing fingers, extra digit, fewer digits, cropped, worst quality, low quality, normal quality, jpeg artifacts, signature, watermark, username, blurry, missing fingers, missing arms, long neck, humpbacked, shadow, flat shading, flat color, grayscale, black&white, monochrome,

다음은 생성한 이미지의 예입니다.

▼ 세부 사항의 지정1

5.5 이미지를 보충하기

캐릭터를 만들다 보면 머리 위쪽이 잘려 있는 경우가 있어 이미지를 덧붙이고 싶을 때가 있습니다. 그럴 때는 Web UI의 Outpainting 기능을 이용해 보충합니다. 다음은 보충하기 전 원본 이미지입니다.

▼ 원본 이미지

먼저 원본 이미지의 시드 값과 프롬프트 설정 등을 확인합니다. PNG Info 탭을 열어 이미지를 끌어 놓으면 설정을 확인할 수 있습니다. [Send to img2img] 버튼을 누르면 해당 설정을 img2img로 보낼 수 있습니다.

▼ PNG Info

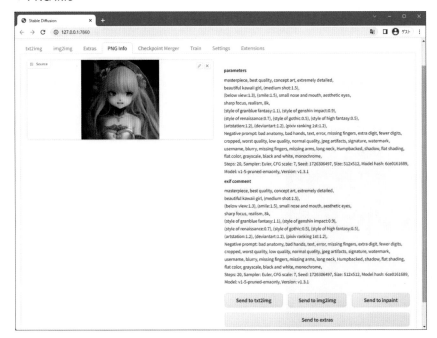

img2img를 설정합니다. 이번에는 CFG Scale을 7로, Denoising strength를 0.8로 설정합니다. 이 부분은 기본값인 7과 0.75로 설정해도 무방합니다. Sampling method는 Euler를 선택하고, Script는 Outpainting mk2를 선택합니다. 그러면 추가 입력 항목이 나옵니다.

▼ Script에서 Outpainting mk2를 선택

Pixels to expand는 확장할 픽셀 수로, 여기서는 128을 입력했습니다. Mask blur는 연결부 위의 흐림 정도로, 기본값인 8을 그대로 두었습니다. Outpainting direction은 확장할 방향으로, 위로 늘리고 싶으므로 up에 체크했습니다. 나머지는 기본값 그대로 두면 됩니다. 실행하면 다음과 같은 이미지를 얻을 수 있습니다.

▼ 보충한 이미지

5.6 실제 게임 속 캐릭터 만들기

Little Land War SRPG에서 캐릭터를 만들 때의 이야기를 해보자면, 필자는 4장에서 언급했던 고블린을 만드는 데 애를 먹었습니다. goblin이라고 쓰면 고블린1의 이미지처럼 갈색이나 노란색의 펑키한 캐릭터가 나오는데, 전혀 고블린 같지 않아서 곤란했습니다.

초기에는 Prompt에 goblin이라는 단어 외에 녹색 피부를 지정하거나, Negative Prompt로 노란색이나 갈색 피부를 억제하기도 했습니다. 하지만 잘되지 않아 goblin이라는 단어를 빼고 자체적으로 특징을 조합해 고블린 스타일의 이미지를 생성했습니다.

고블린2 이미지는 그러한 시행착오를 겪을 때의 이미지입니다. 하지만 자칫 방심하면 'armor(갑옷, 철갑)'라는 단어 때문에 마초 이미지가 되어버립니다. 고블린 3의 이미지는 상당히 강해 보이는 고블린이 되었습니다. 최종적으로 고블린 4의 이미지를 채택했습니다.

▼ 고블린1

▼ 고블린2

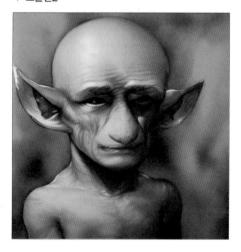

▼ 고블린3

▼ 고블린4

프롬프트도 적어 둡니다. 전체를 다 쓰면 복잡하므로, Prompt와 Negative prompt의 중요한 부분만 적습니다.

👍 Prompt

one small man with green face, skinny small body, very long eagle nose, very long ears, green bald head, wrinkled old face and body, in ragged armor, green skin,

👎 Negative prompt

yellow face, brown face,

CHAPTER 06

캐릭터에 포즈
취하게 하기

ControlNet으로 장면에 맞는 포즈를 취해 봅니다.

이 장에서는 'ControlNet 도입', 'ControlNet 사용', 'ControlNet의 모델'을 다루며, 3D 드로잉 인형의 이미지를 바탕으로 실제 포즈를 반영하는 방법을 환경 구축부터 순서대로 살펴봅니다. 또한 ControlNet의 모델별 특징과 몇 가지 모델로 실제로 이미지를 생성하는 모습을 보여줍니다.

6.1 ControlNet

2023년 2월 중순에 등장한 ControlNet을 사용하면 정확한 포즈 데이터를 지정해 이미지를 출력할 수 있습니다. ControlNet은 조건을 추가해 확산 모델을 제어하는 신경망^{Neural Network} 입니다.

 Illyasviel/ControlNet: Let us control diffusion models!

https://github.com/Illyasviel/ControlNet

주의해야 할 점은 집필 시점에서는 1.5를 기반으로 한 학습 모델만 유효하다는 것입니다. 그 외의 학습 모델에서는 오류가 발생하는데, 이 문제는 조만간 개선될 것으로 보입니다.

6.2 ControlNet 도입

Web UI에서 Extensions 탭을 클릭합니다. 이어서 Install from URL 탭을 열고 URL for extension's git repository 입력란에 아래 URL을 입력합니다.

 URL for extension's git repository

https://github.com/Mikubill/sd-webui-controlnet

Specific branch name과 Local directory name은 비어 있어도 됩니다. [Install] 버튼을 클릭하면 설치가 시작되며 2~3분이면 설치가 완료됩니다.

▼ ControlNet 도입

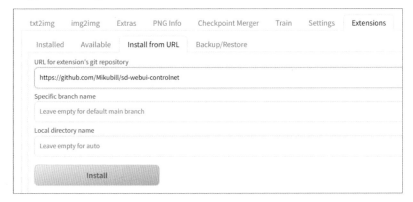

ControlNet 파일은 아래에 다운로드됩니다. 크기는 12.3MB 정도입니다.

〈설치 위치〉/extensions/sd-webui-controlnet

여기서 일단 Web UI를 종료하고, 웹 브라우저를 닫고 명령 프롬프트도 종료합니다. VRAM이 4GB인 경우에는 webui-user-my.bat를 수정해야 합니다. --medvram 설정으로는 메모리가 부족하여 오류가 발생합니다. webui-user-my.bat를 복사하여 webui-user-my-low.bat를 만들고, --medvram을 --lowvram으로 변경합니다. ControlNet을 사용할 때는 이쪽을 실행하세요.

bat

```
set COMMANDLINE_ARGS=--lowvram --xformers
```

확장 기능 업데이트

확장 프로그램을 업데이트하고 싶을 때는 Extensions 탭 – Installed 탭 – [Check for updates] 버튼을 누른 후, [Apply and restart UI] 버튼을 누르면 업데이트됩니다.

▼ 확장 기능 업데이트

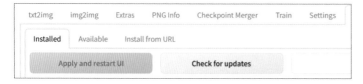

6.3 모델 입수 및 배치

설치만으로는 ControlNet을 사용할 수 없습니다. 별도로 모델을 다운로드하여 배치해야
합니다. 초창기에는 각각 5.71GB의 파일 크기였지만, 이후에 가벼운 모델이 등장했습니
다. 다음 URL에서 control_~.safetensors라는 이름의 파일을 모두 다운로드합니다. 각각
723MB로, 8종류입니다.

 webui/ControlNet-modules-safetensors at main

https://huggingface.co/webui/ControlNet-modules-safetensors/tree/main

- control_canny-fp16.safetensors

- control_depth-fp16.safetensors

- control_hed-fp16.safetensors

- control_mlsd-fp16.safetensors

- control_normal-fp16.safetensors

- control_openpose-fp16.safetensors

- control_scribble-fp16.safetensors

- control_seg-fp16.safetensors

다운로드한 파일을 다음 경로에 배치합니다.

〈설치 위치〉/extensions/sd-webui-controlnet/models/

파일 배치가 끝나면 Web UI를 실행합니다. 모델을 사용할 수 있는 상태에서 Web UI가 실행됩니다. txt2img 탭 안에 ControlNet이라는 항목이 늘어납니다(img2img 탭에도 동일하게 표시됩니다). 클릭하면 설정을 열 수 있습니다. 다음은 ControlNet의 사용법을 설명합니다.

▼ ControlNet 항목

▼ ControlNet 항목을 열기

6.4 ControlNet 사용법

ControlNet의 사용법입니다. txt2img 탭을 엽니다. 지금까지와 동일하게 Prompt와 Negative Prompt를 입력하고 그 외의 설정도 수행합니다.

ControlNet을 클릭하여 설정을 엽니다. Image 영역에 포즈를 참고할 이미지를 끌어 놓습니다. 그리고 Enable에 체크하여 ControlNet을 활성화합니다. 또 Low VRAM 체크박스에 체크하여 낮은 VRAM 환경에서도 작동되도록 합니다.

▼ ControlNet 조작

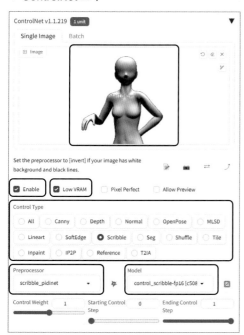

이어서 Control Type을 선택하면 Preprocessor와 Model 목록이 좁혀지고, 권장 설정이 선택됩니다. 이때 Preprocessor 목록에는 여러 항목이 표시됩니다. 자동으로 선택된 설정 외의 다른 설정도 선택할 수 있습니다. 다음은 Control Type의 목록입니다.

Canny, Depth, Normal, OpenPose, MLSD, Lineart, SoftEdge, Scribble, Seg, Shuffle, Tile, Inpaint, IP2P, Reference, T21A

Preprocessor와 Model에 대해 조금 더 자세히 설명합니다. Preprocessor와 Model은 짝을 이루고 있습니다. 기본적으로 같은 이름이 들어 있습니다. ControlNet에서는 Preprocessor에서 선택한 형식으로 Image의 이미지를 전처리하여 중간 이미지를 만듭니다. 그리고 이 중간 이미지를 바탕으로 Model에서 처리하여 txt2img의 이미지 생성을 제어합니다.

중간 이미지는 다른 생성 이미지와 동일하게 출력됩니다. 그리고 중간 이미지를 저장해 두면 재사용할 수 있습니다. Image에 중간 이미지를 끌어 놓아 Preprocessor를 none으로 설정하면 Preprocessor의 처리를 생략하고 이미지를 생성할 수 있습니다.

그 외의 설정은 기본적으로 변경할 필요가 없습니다. 필요할 때 변경하면 됩니다.

6.5 모델별 간략한 설명

각 '모델'에 대해 설명을 간략히 정리했습니다. 자세한 내용은 ControlNet의 GitHub 페이지에 나와 있으니 참고하기 바랍니다. 필자가 사용해본 느낌으로는 모델 중에 scribble이 사용하기 편했습니다.

 Illyasviel/ControlNet: Let us control diffusion models

https://github.com/Illyasviel/ControlNet

Model	설명
canny (Canny Edge 검출)	입력 이미지의 윤곽선을 추출하여 그 선에 따른 이미지를 생성합니다. 2차원 일러스트나 경계가 뚜렷한 3D 이미지에 적합합니다. 포즈를 꽤 잘 잡아줍니다.
depth (깊이 맵)	입력 이미지의 깊이 정보를 추출하여 그 심도에 따라 이미지를 생성합니다. 카메라로 촬영한 사진에 적합합니다. 깊이를 가진 레이아웃을 반영하고 싶을 때 사용합니다.
hed (소프트 HED 경계)	입력 이미지의 가장자리 감지(소프트 에지)를 실행해 대략적인 윤곽과 모양을 추출합니다. 원본 이미지에 크게 영향을 받으므로 '색상만 바꾸기' 용으로 사용합니다. 캐릭터의 포즈를 취하게 하는 용도에는 적합하지 않습니다.
mlsd (M-LSD 직선 검출)	입력 이미지의 직선을 검출하여 직선으로 구성된 이미지를 추출합니다. 실내 이미지에서 추출한 직선 정보(원근 투영[1])를 사용하여, 동일한 구도의 실내 이미지를 만드는 용도로 사용합니다. 주로 건물이나 실내 이미지에서 사용합니다. 캐릭터의 포즈를 취하게 하는 용도에는 적합하지 않습니다.

1 역자주_ perspective projection, 건조물의 투시도 또는 완성 예상도

Model	설명
normal_map (법선맵)	입력 이미지의 요철을 감지하여 비슷한 입체 구조를 가진 이미지를 생성합니다. depth보다 좋은 결과물이 나옵니다. 배경은 대부분 무시되고 3D 드로잉 인형이나 마네킹 사진과 같은 이미지로 포즈를 취하는 데 적합합니다.
openpose (사람 포즈)	입력 이미지에서 색이 있는 막대인간 이미지를 만들고, 그 포즈에 따라 이미지를 생성합니다. 관절 위치를 상당히 정확하게 인식합니다. 단, 최종 출력 이미지가 이 포즈를 정확히 따르는 것은 아닙니다. 어디까지나 참고용이라는 느낌입니다.
scribble (낙서)	낙서를 바탕으로 포즈를 재현해 줍니다. 드로잉 인형으로도 꽤 좋은 결과물을 얻을 수 있습니다. 선으로 적당히 그려도 제대로 인식해 줍니다.
segmentation (시맨틱 세분화)	사진에서 영역을 감지하여 그 영역에 맞는 이미지를 생성합니다. 사진의 레이아웃에 따라 건물을 다르게 만드는 등의 용도에 적합합니다.

6.6 생성 예제의 공통 설정

몇 가지 모델을 이용한 이미지 생성 및 출력 결과를 살펴봅니다.[2] ControlNet과 학습 모델 1.5를 이용합니다. 다음은 생성에 사용한 프롬프트입니다. Prompt, Negative prompt는 다음을 공통으로 사용합니다.

Prompt

masterpiece, best quality, concept art, extremely detailed,
(watercolor: 1.2), (oil painting: 1.1),
one fantasy girl, young little girl, (long wavy hair:1.8), (dress costume: 1.9),
beautiful perfect symmetrical face, small nose and mouth, aesthetic eyes,
sharp focus, realism, 8k,
(style of granblue fantasy: 1.1), (style of genshin impact:0.9),
(style of renaissance:0.7), (style of gothic:0.6), (style of high fantasy:0.5),
artstation, deviantart, pixiv ranking 1st,

---

2 역자주_ 예제 실행 시 다음 에러가 발생하면 'NansException: A tensor with all NaNs was produced in Unet. This could be either because there's not enough precision to represent the picture, or because your video card does not support half type.' bat 파일에 다음 옵션을 추가해서 실행해 보세요.
——no-half-vae ——disable-nan-check ——no-half

bad anatomy, bad hands, text, error, missing fingers, extra digit, fewer digits, cropped, worst quality, low quality, normal quality, jpeg artifacts, signature, watermark, username, blurry, missing fingers, missing arms, long neck, humpbacked, shadow, flat shading, flat color, grayscale, black&white, monochrome,

'(long wavy hair:1.8), (dress costume:1.9)'와 같이 강한 가중치로 머리카락과 옷을 추가했지만 효과는 미미했습니다. 모델에 따라서는 드로잉 인형의 형태에 띠라 알몸이 되는 경우가 많았고, 손가락 생성도 자주 실패했습니다.

6.7 canny 생성 예

canny는 입력된 이미지를 처리할 때 중간 이미지로 선화[3]를 만들어, 이에 따라 이미지를 생성합니다. 입력 이미지는 주의가 필요한데, 모델 인형에 세로줄이나 가로줄이 들어가 있으면 그 선을 선화에 포함시켜버리는 경우가 있습니다. 이 경우 출력 이미지에도 선이 반영되어 몸통 중앙에 굵은 선이 들어간 이미지가 생성됩니다. 다음은 그 예입니다.

▼ canny 입력 이미지(선 있음)   ▼ canny 중간 이미지(선 반영)   ▼ canny 출력 이미지(선 반영)

 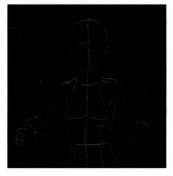 

CLIP STUDIO PAINT는 드로잉 인형에 가로, 세로로 선이 들어가 있습니다. 특히 머리에서 가랑이 사이에 걸쳐 들어가 있는 선은 색이 다르기 때문에 선화에 포함되기 쉽습니다. 이런 현상을 방지하려면 드로잉 인형 설정에서 '환경'의 '렌더링 설정'에서 '텍스처 사용'의 체크를 해제하는 것이 좋습니다.

⋯⋯⋯

3 역자주_ 색칠을 하지 않고 선으로만 그린 그림

드로잉 인형의 색상에 대해서도 설명합니다. canny는 그레이 스케일 이미지의 포즈를 인식하고 뒤에서 설명할 openpose에서는 사람으로 인식하지 못해, 색을 입혀야 했습니다.

canny에서 곤란한 점은 드로잉 인형을 입력하면 머리와 몸 모양을 그대로 따라하려고 한다는 것입니다. 머리는 마치 헬멧을 벗었을 때처럼 눌린 모양이 되고, 몸은 알몸이 되거나, 옷은 체형에 딱 맞는 옷이 되어 버리기도 합니다. Control Weight를 낮게 설정하거나, 처음부터 옷을 그려 놓는 편이 좋습니다.

다음은 선이 없는 드로잉 인형을 사용하여 만든 입력 이미지, 중간 이미지, 출력 이미지입니다. 손이 충실하게 반영된 것은 매우 좋습니다. 출력 이미지는 수많은 출력 결과 중 하나입니다. 알몸 이미지가 많이 나와서, 옷을 입은 이미지를 얻기 위해 여러 번 출력했습니다.

▼ canny 입력 이미지 ▼ canny 중간 이미지 ▼ canny 출력 이미지

▼ canny 설정

canny는 한번 생성한 중간 이미지를 입력으로 하여, Preprocessor를 none으로 설정하면 전처리 없이 해당 포즈의 이미지를 생성할 수 있습니다.

6.8 depth 생성 예

depth는 깊이 맵을 만들어 이미지를 생성합니다. 드로잉 인형을 사용하여 depth로 이미지를 생성할 때는 주의할 점이 있습니다. 드로잉 인형의 이미지를 그대로 사용하면 얼굴이 뒤통수로 인식되어 머리만 뒤쪽을 향하는 무서운 이미지가 생성됩니다. 드로잉 인형은 눈과 코의 굴곡이 거의 없기 때문에 얼굴의 정면으로 인식되지 않습니다.

드로잉 인형을 사용할 때는 눈과 입의 위치를 그리는것이 좋습니다. 그러면 그곳을 얼굴 정면으로 인식합니다. 다음은 눈과 입의 위치를 그린 드로잉 인형을 이용해 만든 입력 이미지, 중간 이미지, 출력 이미지입니다. 이 역시 canny와 마찬가지로 모델 인형의 윤곽을 따라가는 것을 볼 수 있습니다.

▼ depth 입력 이미지

▼ depth 중간 이미지

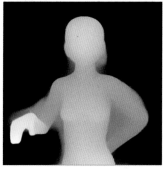

▼ depth 출력 이미지

▼ depth 설정

depth는 한번 생성한 중간 이미지를 입력으로 하여, Preprocessor를 none으로 설정하면 전처리 없이 해당 포즈의 이미지를 생성할 수 있습니다.

6.9 openpose 생성 예

openpose는 사람의 포즈를 인식해 줍니다. 필자 환경에서는 입력 이미지가 회색의 드로잉 인형인 경우에는 잘 인식하지 못했습니다. 드로잉 인형을 피부색으로 채색하면 잘 인식했습니다. 다음은 입력 이미지, 중간 이미지, 출력 이미지입니다. 포즈는 잘 반영되지 않습니다. 특히 손이 엉망이 되기 쉽습니다. 출력 이미지는 여러 장의 출력 결과 중 한 장입니다.

▼ openpose 입력 이미지   ▼ openpose 중간 이미지   ▼ openpose 출력 이미지

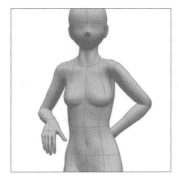   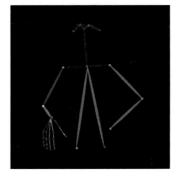   

▼ openpose 설정

openpose도 한번 생성한 중간 이미지를 입력으로 하여, Preprocessor를 none으로 설정하면 전처리 없이 해당 포즈의 이미지를 생성할 수 있습니다.

6.10 scribble 생성 예

scribble은 낙서를 바탕으로 멋진 이미지를 생성합니다. scribble은 canny의 높은 정밀도에 다양성을 더한 것 같은 느낌으로, 상당히 우수한 결과를 얻을 수 있습니다. 다음은 입력 이미지, 중간 이미지, 출력 이미지입니다. 큰 틀은 지키면서 프롬프트의 지시에 유연하게 따라줍니다.

▼ scribble 입력 이미지

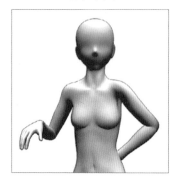

▼ scribble 중간 이미지

▼ scribble 출력 이미지

▼ scribble 설정

scribble도 한번 생성한 중간 이미지를 입력으로 하여, Preprocessor를 none으로 설정하면 전처리 없이 생성할 수 있습니다.

6.11 손그림으로 이미지 생성하기

이미지 영역 아래에 있는 [Open new canvas(문서의 연필 아이콘)] 버튼을 클릭하면 Open New Canvas 영역이 나타납니다. [Create New Canvas] 버튼을 클릭하면 이미지 영역에 직접 입력할 수 있습니다.

▼ **Open new canvas 버튼**

▼ **Create New Canvas 버튼**

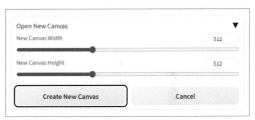

▼ **이미지 영역에 직접 그리기**

손으로 그린 러프를 기반으로 이미지를 생성할 때는 Control Type을 Scribble로 설정합니다. 꽤 엉성한 그림도 잘 읽어냅니다. 다음은 지금까지와 동일한 Prompt, Negative prompt

로 출력한 이미지입니다.

▼ 손그림 scribble 입력 이미지[4]

▼ 손그림 scribble 출력 이미지

4 역자주_ 기본적으로 펜 색깔이 흰색이므로, 화면 상에 나타나지 않는 것처럼 보일 수 있습니다. 우측 상단의 작은 아이콘을 클릭해 색
　상을 변경해 사용하세요.

CHAPTER 07

캐릭터
학습시키기

동일한 캐릭터의 다양한 이미지를 원할 때 LoRA로 실현해 봅니다.

이 장에서는 '캐릭터 학습'을 다룹니다. 여러 장의 그림을 바탕으로 캐릭터를 학습시켜 동일한 캐릭터의 이미지를 출력하는 방법을 살펴봅니다.

7.1 캐릭터 학습

특정 캐릭터를 출력하는 방식은 여러 가지가 있습니다. 집필 시점에서 가장 사용하기 쉬운 추가 학습 방식은 LoRA$^{\text{Low-rank Adaptation for Fast Text-to-Image Diffusion Fine-tuning}}$[1]입니다.

 cloneofsimo/lora: Using Low-rank adaptation to quickly fine-tune diffusion models.

https://github.com/cloneofsimo/lora

LoRA 파일을 사용하면 원래의 학습 모델에 수십~수백MB의 파일을 적용하여 출력 이미지를 제어할 수 있습니다. 일부 학습 방식은 원본 학습 모델과 동일한 파일 크기(수 GB)를 갖는 경우도 많기 때문에, 이러한 가벼움은 큰 이점입니다.

또한 LoRA는 학습 시간도 비교적 짧아 저사양 컴퓨터에서도 학습할 수 있습니다. 또한 여러 파일을 읽어 들여 캐릭터를 합성하는 것도 가능합니다. LoRA 파일은 일반적인 학습 모델과 같은 .safetensors 확장자입니다.

LoRA는 이처럼 편리하지만, VRAM 4GB의 머신에서 사용 가능하며 학습은 6GB 이상의 VRAM이 필요합니다. 사실 12GB 이상은 있어야 합니다. Google Colab을 사용하면 낮은 VRAM 환경이라도 학습 가능합니다. 이 장에서는 Web UI로 LoRA를 사용하는 방법과 Google Colab을 통한 학습 방법을 다룹니다.

---

1 역자주_ LoRA은 Stable Diffusion 모델을 세부 조정하기 위한 학습 기법입니다.
  https://www.internetmap.kr/entry/How-to-LoRA-Model

7.2 Web UI에서 LoRA 사용

Web UI에서 아래 폴더에 LoRA 파일을 배치합니다. 파일을 배치한 후, 명령 프롬프트의 Web UI를 닫고 다시 시작합니다.

 체크

〈설치 위치〉/models/Lora/

[Generate] 버튼 근처에 있는 '화투' 아이콘의 버튼을 클릭합니다. 버튼에 마우스를 올리면 [Show extra networks]라고 나오는 버튼입니다.[2]

▼ Show extra networks 버튼

나타나는 몇 개의 탭 중 Lora 탭을 클릭합니다. 배치한 LoRA 파일이 나타납니다. 그중에서 사용할 것을 클릭하면 Prompt에 〈lora:chr1_epoch100:1〉과 같은 태그가 추가됩니다.

---

2 역자주_ AUTOMATIC1111판 Stable Diffusion web UI의 1.6 버전에서 화투 버튼이 없어졌습니다. 화투 버튼은 모델이나 LoRA 를 표시하는 기능이었지만, 1.6 버전부터 기본적으로 Lora 탭이 있으므로 나타나지 않게 되었습니다. 화투 버튼이 없는 경우 곧바로 Lora 탭을 클릭하여 진행하면 됩니다. https://ikuriblog.com/automatic1111-ver-1-6-0-is-released/

▼ Lora 탭

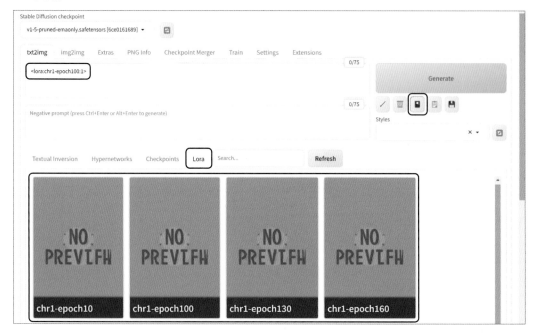

태그의 chr1_epoch100 부분이 이용할 파일의 이름이며, 1 부분이 영향력의 강도를 나타냅니다. 학습한 이미지에 너무 많이 좌우된다면 〈lora:chr1_epoch100:0.6〉처럼 약하게 설정하면 됩니다.

▼ Lora 태그

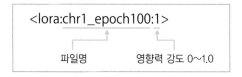

LoRA를 이용한 태그를 추가한 후, 지금까지와 동일하게 학습시킨 문구와 그 외의 문구를 써서 이미지를 생성합니다. 여기서는 chr1이라는 독자적인 단어로 캐릭터를 학습했다고 가정합시다. 이 경우 다음과 같이 작성하여 이미지를 생성합니다.

<lora:chrl_epoch100:1> chr1 girl

chr1 gir1의 chr1은 학습시킨 새로운 단어입니다. 또한 지금까지처럼 다른 문구를 추가하여 사용할 수도 있습니다.

<lora:chrl_epoch100:1> chr1 girl, long white dress, in town,

Web UI에서 LoRA를 이용하는 방법은 간단합니다. 실제로 출력할 수 있을지 여부를 확인하려면 LoRA 파일을 구해 테스트해 보면 좋습니다. 출력만 한다면, 이미지 생성 AI 관련 사이트에서 LoRA로 검색하여 모델을 다운로드하여 사용해 보세요. 배포 데이터 중에 저작권 등의 문제가 있는 것도 있으니 개인적 활용 범위 내에서 실험하는 것이 좋습니다.

🌐 **Civitai | Stable Diffusion models, embeddings, LoRAs and more**

https://civitai.com

예를 들어 위 사이트의 LoRA 파일에는 Trigger Words가 적혀 있습니다. 〈lora:chr1_epoch100:1〉과 같은 태그와 함께 모델을 불러온 후, 트리거가 되는 단어를 프롬프트에 포함시켜 학습한 데이터를 적용합니다.

7.3 학습 준비

캐릭터를 학습하려면 먼저 이미지를 준비해야 합니다. 최소한 학습용 이미지는 필요합니다. 일반적으로는 정규화 이미지도 준비하지만, 정규화 이미지는 필수가 아닙니다. 뒤에서 설명하겠지만, 특정 캐릭터를 명확하게 표현하기 위해서는 정규화 이미지가 없는 것이 더 효과적입니다.

그리고 학습시킬 개념의 이름을 정해야 합니다. 이 이름은 Stable Diffusion에서 사용하는 단어 '이외'로 정해야 합니다. 흔히 쓰이는 방법은 모음을 빼고 자음만 3글자를 조합하는 것입니다. sakura라는 이름의 캐릭터라면 skr이라고 쓰면 됩니다. 중요한 것은 이미 개념이 정립된 단어와 겹치지 않아야 한다는 점입니다. 학습한 단어는 이미지 생성 시 캐릭터를 호출할 때 이용합니다.

VRAM 4GB 환경에서는 학습이 불가능하므로, Google Colab을 이용해 학습합니다. 구글 계정이 있으면 Google Colab을 이용할 수 있습니다.

학습용 이미지

동일한 캐릭터의 서로 다른 이미지를 여러 장 준비합니다. 4~5장만 있으면 학습할 수 있습니다. 이미지 장수가 많을수록 정확도는 높아지지만, 학습 시간이 길어집니다. 학습 시간이 너무 길어지면 Google Colab은 타임아웃됩니다. 우선은 4~10장 정도부터 시작해서 실행 시간과 이미지 생성 결과를 보면서 필요하면 수를 늘리는 것이 좋습니다.

이번 예에서 학습시킬 캐릭터 이미지는 VRoid Studio로 작성했습니다. 3D 캐릭터를 만들고 이미지로 출력할 수 있는 소프트웨어를 사용하면 다양한 앵글의 이미지를 단시간에 얻을 수 있습니다.

 VRoid Studio

https://vroid.com/studio

다음은 학습시킬 이미지입니다. 실제로는 총 8개의 이미지를 준비하고 있습니다.

▼ 학습용 이미지1　　　　▼ 학습용 이미지2　　　　▼ 학습용 이미지3　　　　▼ 학습용 이미지4

배경은 단색이며, 크기는 512픽셀의 정사각형으로 설정했습니다. 이미지는 chr1_train이라는 폴더에 넣어 chr1_train.zip이라는 이름의 ZIP 파일로 압축했습니다.

정규화용 이미지

학습에서는 새로운 단어(여기서는 chr1)와 기존 단어(이미지에서 얻은 girl과 같은 단어)에 학습 이미지의 영향을 적용해갑니다. AI는 chr1이 어떤 단어인지 알지 못합니다. 그래서 기존 단어의 개념을 나타내는 정규화 이미지를 준비해두고, 학습용 이미지로 학습한 내용으로부터 정규화 이미지로 학습한 내용을 뺍니다. 이렇게 하면 chr1 내용만 추출한 학습된 데이터가 만들어지고, 학습 정확도가 높아집니다.

이러한 정규화 이미지를 '사용하지 않기', '투명한 이미지를 사용하기', '제대로 만들어서 사용하기' 등 3가지 방법을 인터넷에서 찾아볼 수 있습니다. 필자가 실험한 결과 '사용하지 않기', '투명한 이미지를 사용하기'는 캐릭터가 강하게 반영됐지만, '제대로 만들어 사용하기'의 경우 낮은 확률로만 캐릭터가 반영됐습니다. '제대로 만들어 사용하기'의 경우, 꽤 오랜 시간 학습을 시켜야만 잘 되는 것 같습니다. 참고로 '사용하지 않기'를 선택한 경우 girl 등의 단어는 오염되어 버려, 학습된 이미지에 많이 가깝게 됩니다.

이번에는 캐릭터를 표시하는 것이 목적입니다. 다른 단어와의 정확한 분별은 목적하는 바가 아니므로, 준비 과정이 간단하고 학습 시간이 짧게 끝나는 정규화 이미지를 '사용하지 않는' 방법을 선택합니다. 다음은 정규화 이미지를 준비하고 싶은 분만 읽어 보시기 바랍니다. '투명한 이미지를 사용하는' 경우, 학습용 이미지와 동일한 수의 정사각형 512픽셀의 투명 PNG 파일을 준비합니다. '제대로 만들어서 사용하는' 경우, 학습용 이미지의 5배 정도의 장수면 충분하다는 의견이 많습니다. 학습용 이미지를 8장으로 한다면, 정규화 이미지를 40장 정도 준비하면 된다는 계산이 나옵니다.

정규화 이미지는 Web UI로 만들 수 있습니다. girl이라는 프롬프트(학습용 이미지에서 얻을 수 있는 큰 성분의 단어)로 이미지를 생성하여 필요한 매수를 준비하면 됩니다. 비슷한 이미지만 준비할 것이 아니라, 다양성을 가능한 한 확보하는 것이 좋습니다. 다음은 실제로 생성한 이미지 중 4장입니다.

▼ 정규화 이미지1

▼ 정규화 이미지2

▼ 정규화 이미지3

▼ 정규화 이미지4

7.4 Google Colab에서 학습

LoRA 학습을 전부 혼자서 준비하기란 십지 않습니다. 미리 준비된 프로그램을 이용하는 것이 좋습니다. Google Colab에는 다른 사람이 만든 프로그램(노트북)을 이용할 수 있는 기능이 있습니다. 이러한 프로그램을 이용해 LoRA에서 학습을 진행합니다.

Google Colab의 용어(노트북, 셀, 실행 등)에 대해서는 2장 '온라인 환경 구축'에 설명해 놓았으니 참고하시기 바랍니다.

노트북 복사

여기서는 Kohya LoRA Dreambooth를 이용합니다. 아래 GitHub 페이지에서 Kohya LoRA Dreambooth의 [Open in Colab] 버튼을 클릭하면 다음 URL의 Google Colab 페이지가 열립니다.

 Linaqruf/kohya-trainer

https://github.com/Linaqruf/kohya-trainer

 kohya-LoRA-dreambooth.ipynb - Colaboratory

https://colab.research.google.com/github/Linaqruf/kohya-trainer/blob/main/kohya-LoRA-dreambooth.ipynb

이번에는 노트북을 복사하여 사용합니다. Google Colab 페이지가 뜨면 상단 메뉴 하단의 [Drive로 복사]를 클릭합니다. 자신의 구글 계정에 콘텐츠가 복사됩니다. 복사한 페이지는 Google Colab 상단 메뉴 – '파일' – '노트 열기'로 열립니다. 이후 작업은 복사한 노트북에서 진행합니다.

Linaqruf/kohya–trainer는 제목 구성이나 항목명, 내용 등이 바뀔 수 있습니다(실제로 집 필하는 며칠 동안에도 바뀌었습니다). 이후 설명에서 달라진 부분이 있다면, 적절히 바꿔가 며 작업해 주시기 바랍니다. 각 항목에 어떤 설정을 하고 실행해 나갈지 설명합니다. 다른 종류의 노트북을 이용하는 경우에도 LoRA를 이용하는 경우에는 비슷한 항목이 나올 것입 니다. 응용할 수 있는 내용들입니다.

런타임 유형 변경

먼저 GPU를 사용할 수 있도록 설정합니다. 화면 상단 메뉴의 '런타임'에서 '런타임 유형 변 경'을 선택합니다. '런타임 유형 변경' 대화 상자가 뜨면 '하드웨어 가속기'를 GPU로 설정하 고 저장합니다.

▼ 런타임 유형 변경

▼ GPU 선택

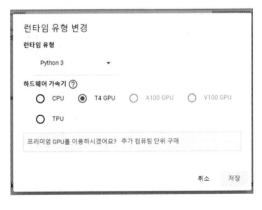

1. Install Kohya Trainer

Kohya Trainer이 설치 및 실행 환경을 준비합니다. Kohya Trainer의 정보는 다음 GitHub 에서 확인 가능합니다.

 kohya-ss/sd-scripts

https://github.com/kohya-ss/sd-scripts

1.1 Install Dependencies

설치를 수행하는 셀입니다. mount_drive에 체크합니다. 체크하면 Google Drive를 마운트 합니다. 학습한 모델을 Google Drive에 저장하려면 체크가 필요합니다. Google Colab은 어느 순간 타임아웃되는 경우가 많기 때문에 Google Drive에 저장하는 것이 좋습니다. 다른 설정은 바꾸지 않고 그대로 실행합니다. 이 셀의 실행은 3~4분 정도면 끝납니다.

1.2 Start File Explorer

파일을 조작하는 File Explorer를 표시하는 셀입니다. 사용하지 않으므로 무시합니다.

2. Pretrained Model Selection

학습 모델을 선택합니다. LoRA에서의 학습은 특정 학습 모델에 대해 이루어집니다. 따라서 어떤 학습 모델에 영향을 미치게 할 지 선택해야 합니다.

2.1 Download Available Model

사용 가능한 모델을 다운로드하는 셀입니다. 이번에는 Stable Diffusion 1.5 학습 모델을 사용합니다. 다른 모델을 선택할 경우, 이후의 설명을 적절히 대체하여 교체해 주세요. SD1.

x model의 model Name에서 Stable-Diffusion-v-1-5를 선택합니다. 실행하면 20~30초 정도면 끝납니다.

2.2 Download Available VAE(Optional)

VAE를 이용할 경우 선택합니다. 꼭 사용하지 않아도 됩니다. 이번에는 vae_name에서 stablediffusion.vae.pt를 선택합니다. 실행하면 2~3초 만에 끝납니다.

3. Data Acquisition

학습용 이미지를 설정합니다.

3.1 Locating Train Data Directory

학습용 이미지 데이터를 배치할 위치와 학습용 데이터를 설정하는 셀입니다. train_data_dir은 데이터 작업 대상이 되는 디렉터리 경로로, 기본값은 다음과 같습니다. 변경할 필요가 없습니다. 실행하면 0초 만에 끝납니다.

체크

/content/LoRA/train_data

3.2 Unzip Dataset

학습용 이미지가 담긴 ZIP 파일을 압축 해제하는 셀입니다. 이 셀을 실행하기 전에 학습용 이미지가 담긴 ZIP 파일을 업로드해 두어야 합니다. chr1_tarin.zip을 '구글 드라이브'의 '내 드라이브' 바로 아래에 업로드한 것으로 가정합니다. 이 셀의 zipfile_url에 chr1_tarin.zip의 경로를 입력합니다.[3] chr1_train.zip은 삭제되므로 로컬에 남겨두기 바랍니다.

---

3 역자주_ 좌측의 '파일 아이콘'을 눌러 드라이브 상에 업로드하거나, 업로드 된 파일의 경로를 복사할 수 있습니다.

unzip_to는 비워 두면 됩니다. unzip_to가 비어 있으면 자동으로 적절한 위치에 압축이 풀립니다. 실행하면 0초 만에 끝납니다. 이번 작업은 아래 경로에 이미지가 압축 해제됩니다.

3.3 Image Scraper(Optional)

booru 사이트에서 이미지 스크래핑을 하는 셀입니다. 이 부분은 무시합니다.

4. Data Preprocessing

데이터 전처리를 수행합니다.

4.1 Data Cleaning

학습용 이미지에 불필요한 파일이 들어있는 경우 삭제해주는 셀입니다. 불필요한 파일이 있으면 학습이 실패합니다. 제대로 준비되었다면 조작할 필요가 없으므로 무시합니다.

4.2 Data Annotation

학습용 이미지에 대해 이미지 캡션이나 이미지 태그를 자동으로 붙이는 항목입니다. 몇 가지 종류가 있는데, 그중에서 하나를 실행합니다.

① BLIP Captioning

이후의 5.3 Dataset Config에서 caption_extension을 .caption으로 설정한 경우

필요합니다. 실행하면 1분 정도면 끝납니다. 무시합니다.

② Waifu Diffusion 1.4 Tagger V2

이후 5.3 Dataset Config에서 caption_extension을 .txt로 설정한 경우 필요합니다. 실행하면 1분 정도면 끝납니다. 실행합니다.

③ Custom Caption/Tag

직접 수동으로 태깅을 하는 경우의 셀입니다. 무시합니다.

5. Training Model

학습을 위한 마지막 설정입니다.

5.1 Model Config

각종 폴더 설정입니다. 사용하는 학습 모델이 2 계통이라면 v2에 체크합니다. 또한, 해당 학습 모델이 768 크기일 경우 v_parameterization에도 체크합니다. 이번엔 이 2가지 모두 체크하지 않겠습니다. project_name은 chr1으로 설정합니다. pretrained_model_name_or_path는 다운로드한 학습 모델의 경로입니다. 이번에는 모델 1.5를 다운로드했습니다. 따라서 아래의 경로를 입력합니다.

 체크

/content/pretrained_model/Stable-Diffusion-v1-5.safetensors

vae는 다운로드한 VAE의 경로입니다. 이번에는 아래의 경로를 입력합니다.

 체크

/content/vae/stablediffusion.vae.pt

output_dir은 기본값인 /content/LoRA/output 그대로 변경하지 않습니다. output_to_drive를 체크합니다. 여기에 체크하면 생성한 LoRA 파일을 구글 드라이브에 저장해줍니다. 실행하면 0초 만에 끝납니다.

5.2 Dataset Config

모두 기본값으로 설정합니다. caption_extension은 ② Waifu Diffusion 1.4 Tagger V2를 실행했으므로 .txt로 남겨둡니다. 실행하면 0초 만에 끝납니다.

5.3 LoRA and Optimizer Config

처음 실행할 때는 모두 기본값으로 설정해 둡니다.

두 번째 이후를 작성합니다. network_weights는 추가 학습에 필요한 항목입니다. LoRA 학습에서는 한번 생성한 LoRA 파일에 대해 추가 학습을 할 수 있습니다. 따라서 학습 단계를 조금씩 늘려가며 예상 결과가 나오면 학습을 종료할 수 있습니다. network_weights는 처음엔 비워 둡니다. 그리고 추가 학습을 하는 두 번째부터는 아래와 같은 경로로 설정합니다.

 체크

/content/drive/MyDrive/LoRA/output/chr1.safetensors

chr1.safetensors는 이번 설정의 파일 이름입니다. 파일 이름을 변경한 경우 해당 경로가 됩니다. 이 경로는 '구글 드라이브'에 저장했을 때의 경로입니다. '구글 드라이브'에서는 다음과 같이 '내 드라이브' 아래의 경로가 됩니다.

 체크

LoRA/output/chr1.safetensors

Google Colab이 타임아웃된 경우에도 다음날 다시 Google Colab 노트북을 열어 network_weights 경로에 학습한 파일을 입력해 학습을 재개할 수 있습니다. 학습 후 이 경로의 파일은 '덮어쓰기'되므로, 필요하다면 백업해 두어야 합니다. 이 셀은 실행하면 0초 만에 끝납니다.

5.4 Training Config

lowram에 체크되어 있는지 확인합니다. 적은 메모리에서도 동작하게 만드는 설정입니다. 첫 번째 실행에서는 num_epochs를 5로 설정하여 실행 시간을 확인합니다. 지금까지의 설정과 파일 수로 5에포크라면 종료까지 걸리는 시간은 4~5분 정도입니다.

1차로 출력한 후, 5.3 LoRA and Optimizer Config의 network_weights에 앞서 설명한 경로를 입력하여 추가 학습을 진행합니다. 이때 num_epochs 값을 10이나 20으로 늘리면 좋습니다.

save_n_epochs_type은 기본값인 save_every_n_epochs를 그대로 두고, 바로 아래의 save_n_epochs_type_value도 1로 설정합니다. 이렇게 하면 에포크^{epochs}마다 연속된 번호로 경과 파일을 저장해줍니다. 이 파일은 그대로 학습된 후일 파일로 사용할 수 있습니다. 이렇게 해두면 Google Colab이 타임아웃으로 종료되더라도 경과가 Google Drive에 저장됩니다.

그 외에는 모두 기본값으로 유지합니다. 이 셀은 실행하면 0초 만에 종료됩니다.

5.5 Start Training

설정을 변경하지 않고 실행합니다. 아래 경로에 chr1.safetensors가 생성됩니다.

 체크

/content/drive/MyDrive/LoRA/output/chr1.safetensors

추가 학습을 원한다면 5.3 LoRA and Optimizer Config의 network_weight에 이 경로를 입력하여 실행합니다. 그리고 다시 5.5 Start Training을 실행합니다. 5.4 Training Config의 num_epochs를 30으로 설정하여 추가 학습을 진행하면 17분 정도면 처리가 완료됩니다.

학습된 파일 저장

Google Colab의 파일 트리에서 아래 경로를 선택하여 다운로드합니다.

 체크

/content/drive/MyDrive/LoRA/output/chr1.safetensors

잘 다운로드 되지 않는다면, '구글 드라이브'의 '내 드라이브'에서 아래 경로를 선택하여 다운로드합니다.

 체크

LoRA/output/chr1.safetensors

이 파일을 Web UI의 다음 경로에 배치하고, LoRA 탭이 있는 영역의 오른쪽에 있는 [Refresh] 버튼을 누르면 불러올 수 있습니다.

 체크

〈설치 위치〉/models/Lora/

▼ Refresh 버튼

7.5 학습 결과 확인

여기서는 정규화 이미지를 사용하지 않고 비교하기 위해 여러 에포크 수의 학습한 이미지를 보여드립니다. 프롬프트는 각 LoRA 파일의 태그에 chr1을 추가한 것입니다. 참고로 girl 에서도 비슷한 이미지가 출력됩니다. 7.5절 '정규화용 이미지' 설명과 같이, '정규화 이미지를 사용하지 않는' 방법으로 학습했기 때문에 girl이라는 단어에도 학습 데이터의 의미가 덮어씌워져 버렸습니다.

먼저 에포크 수 10입니다. chr1의 효과는 거의 없습니다.

👍 **Prompt**

```
<lora:chr1_epoch10:1> chr1
```

▼ 에포크 수 10 ▼ 에포크 수 10 ▼ 에포크 수 10 ▼ 에포크 수 10

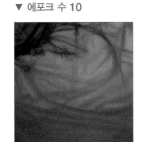   

에포크 수 40입니다. 학습시간은 27분 정도입니다. 키워드 chr1의 효과가 나타납니다.

에포크 수 70입니다. 학습시간은 45분 정도 소요됩니다. 거의 완성되었습니다. 학습 원본 데이터에 가까운 이미지가 나왔습니다.

▼ 에포크 수 70

▼ 에포크 수 70

▼ 에포크 수 70

▼ 에포크 수 70

에포크 수 100입니다. 학습시간은 62분 정도입니다. 안경이 반영되기도 하고 실패하기도 합니다.

▼ 에포크 수 100

▼ 에포크 수 100

▼ 에포크 수 100

▼ 에포크 수 100

에포크 수 100 이후에도 안경이 나올 것 같았지만 나오지 않는 상태가 계속되는 것을 확인했습니다. 실용성을 고려하면 에포크 수 70 정도면 충분하다는 것을 알 수 있습니다.

또한 학습용 이미지의 배경에 다양한 풍경 사진을 넣어두면, 배경 생성 시 노이즈가 들어가기 쉬워서 다양한 배경이 생성됩니다. 이번처럼 배경이 단색인 경우, 생성되는 이미지도 단색 배경이 많아집니다. 게임에 사용하는 이미지에 따라 구분해서 사용하면 좋을 것 같습니다.

이제 학습한 데이터를 이용하여 이미지를 생성해 봅시다. 다양성을 조금 높이기 위해 영향력 강도를 1이 아닌 0.6으로 설정했습니다.

Prompt

<lora:chr1_epoch100:0.6>,
(watercolor ink: 1.6), (oil painting: 1.4), (ink: 1.3), (bold line painting: 1.2),
masterpiece, best quality, concept art, extremely detailed,
beautiful kawaii chr 1 glasses girl,
(ethnic costume Hmong: 1.1), (medium shot: 1.5),
(below view: 1.3), (smile: 1.5), small nose and mouth esthetic eyes,
sharp focus, realism, 8k,
(style of granblue fantasy: 1.1), (style of genshin impact:0.9),
(style of renaissance:0.7), (style of gothic:0.5), (style of high fantasy:0.5),
(artation:1.2), (deviantart:1.2), (pixiv ranking 1st:1.2),

Negative prompt

bad anatomy, bad hands, text, error, missing fingers, extra digit, fewer digits, cropped, worst quality, low quality, normal quality, jpeg artifacts, signature, watermark, username, blurry, missing fingers, missing arms, long neck, humpbacked, shadow, flat shading, flat color, grayscale, black&white, monochrome,

▼ 학습 데이터를 활용한 이미지   ▼ 학습 데이터를 활용한 이미지   ▼ 학습 데이터를 활용한 이미지

7.6 Control Net과의 조합

학습한 이미지와 ControlNet을 조합하면 특정 캐릭터에게 지정된 포즈를 취하도록 할 수 있습니다. 앞서 사용한 프롬프트에서 낙서를 그려 이미지를 생성합니다. 다음은 순서대로 손으로 직접 그린 낙서와 생성된 이미지인데, 캐릭터가 지정된 포즈를 취하고 있는 것을 확인할 수 있습니다.

▼ ControlNet 이용 입력 이미지

▼ ControlNet 이용 출력 이미지

PART
03

배경 생성

CHAPTER 08

배경 생성
①판타지

Stable Diffusion으로 판타지 게임용 풍경, 건물, 실내 배경 이미지를 생성해 봅니다.

이 장에서는 '배경 이미지 생성'을 다룹니다. 그중에서도 '판타지 세계 배경 이미지'를 다룹니다. 배경 이미지를 만드는 방법을 시작으로 자연경관 및 건축물 작성, 레이아웃상의 주의점 등을 설명합니다. 그리고 실습 편으로 '호수 너머로 산이 있는 풍경', '성을 바라보는 풍경', '마법 연구소의 모습'을 생성합니다.

8.1 배경 이미지 생성

게임 배경 이미지를 생성할 때 고려해야 할 점이 몇 가지 있습니다. 첫 번째는 이미지 크기로, 게임 화면 크기에 맞는 이미지를 생성해야 합니다. 두 번째는 화풍의 통일로, 게임용 이미지이므로 제각기 다른 화풍은 피해야 합니다. 세 번째는 그림의 내용으로, 산, 성, 숲 등 필요에 따른 풍경을 생성합니다. 이후로는 이러한 관점에서 배경 이미지를 생성해 봅니다.

이미지 크기

PC용 배경 이미지는 가로로 길고, 스마트폰용 배경 이미지는 세로로 깁니다. 그와는 다르게 Stable Diffusion은 기본적으로 정사각형 이미지를 생성합니다. 또한 Stable Diffusion의 기본 생성 이미지 크기는 가로 512, 세로 512이며, 2.X 계통의 기본은 가로 768, 세로 768입니다. 게임의 배경 이미지로 사용하기에는 너무 작습니다.

이미지 생성에는 많은 시행착오가 따릅니다. 큰 이미지를 만들려고 하면 생성 시간이 매우 오래 걸립니다. 뿐만 아니라 이미지 크기가 크면 VRAM이 부족해져 오류가 발생하기도 합니다. 따라서 큰 이미지를 갑자기 만들려고 하지 말고, 작은 이미지를 만들어 마지막에 확대하는 것이 좋습니다. 실제 작업에서는 프롬프트의 시행착오를 거쳐 대량의 이미지를 생성하여 가장 좋은 이미지를 선정합니다.

어떤 사이즈가 좋을지 적어봅니다. 짧은 변을 512로 하여 필요한 이미지 크기 비율에 맞게 긴 변을 계산하여, 해당 크기의 이미지를 만들면 됩니다. 계산 예시를 보여드립니다. 짧은 변이 512픽셀이고, 최종적으로 얻고자 하는 이미지가 가로 1920픽셀, 세로 1080픽셀이라면 '512 * 1920 / 1080'으로 긴 변이 910픽셀 전후인 이미지를 생성하는 것이 좋습니다.

▼ 긴 변을 연상하기

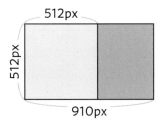

512px

512px

910px

이미지 확대

시행착오를 거쳐 원하는 이미지가 만들어지면, 최종 사이즈의 이미지를 만드는 방법은 크게 2가지가 있습니다. 첫 번째 방법은 생성된 이미지를 이미지 확대 AI 등으로 확대하는 것입니다. 이 방법은 시간도 오래 걸리지 않고 현실적인 방법입니다. 다음은 확대하는 프로그램의 예입니다. 이용하려면 GitHub 계정으로 로그인해야 합니다.

 nightmareai/real-esrgan – Run with an API on Replicate

https://replicate.com/nightmareai/real-esrgan

▼ nightmareai/real-esrgan

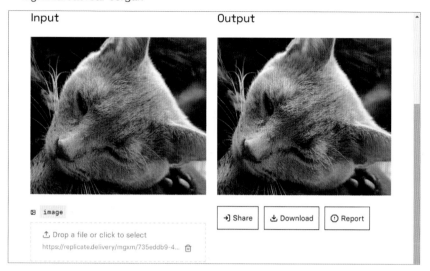

두 번째 방법은 동일한 프롬프트와 설정으로 잘 생성된 이미지의 시드를 이용하여 고해상도 이미지를 만드는 것입니다. 시드는 Web UI의 PNG Info 탭에서 확인할 수 있습니다. Seed:3615092541과 같이 표시되는 숫자를 복사하여 txt2img 탭의 시드에 입력하면 동일한 초기값으로 생성할 수 있지만, 낮은 VRAM에서는 실행에 한계가 있습니다. 이미지를 조금만 크게 해도 바로 에러가 발생합니다.

작은 이미지를 대량 생성한 뒤, 큰 이미지를 소량 만드는 흐름으로 진행하면 작업 시간을 단축할 수 있습니다.

화풍의 통일

화풍의 통일은 크게 2가지 방법으로 나뉩니다. 첫 번째 방법은 사진풍의 풍경을 만들어 놓고, 나중에 화풍을 통일하는 방법입니다. 이미지 편집 프로그램에서 필터를 적용해도 좋고, Stable Diffusion의 img2img에서 이미지를 입력 값으로 하여 프롬프트로 화풍을 지정하여 출력하는 방법도 있습니다.

두 번째 방법은 프롬프트로 풍경과 화풍을 지정하여 생성하는 방법입니다. 이 방법은 생성 후 다시 처리하는 수고를 덜 수 있습니다. 방법 중 어느 것이든 상관없지만, 배경 이미지를 만들기 전에 어떤 방법을 사용할지 정해 두는 것이 좋습니다.

배경 이미지의 화풍 지정에는 르네상스나 고딕과 같이 화풍을 지정하는 방법과 화가의 이름을 지정하는 방법이 있습니다. 화가 이름은 보티첼리^{Botticelli}, 미켈란젤로^{Michelangelo}, 라파엘로^{Raffaello}, 렘브란트^{Rembrandt}, 페르메이르^{Vermeer}, 모네^{Monet} 등 미술 교과서에 나오는 화가명을 여럿 지정하는 것이 좋습니다. 학습 이미지도 풍부해서 좋은 결과를 얻을 수 있습니다.

fantasy, sci-fi, cyberpunk 등 상르를 지정하는 방법도 있습니다. 개발 중인 게임의 독자적인 화풍으로 만들 경우에는 여러 가지 스타일을 지정하여 (단어: 숫자)로 가중치를 정하는 것이 좋습니다. 어떤 화풍이 좋을지는 만드는 게임에 따라 달라지며, 개발자가 보유한 이미지에 따라 달라질 수 있습니다.

다음은 프롬프트와 출력된 이미지입니다.

👍 Prompt

landscape forest, style of renaissance and gothic, (style of high fantasy: 1.2),

▼ landscape forest 1

▼ landscape forest 2

Little Land War SRPG의 배경 이미지를 만들 때는 르네상스 회화를 바탕에 고딕을 더해, 미켈란젤로^{Michelangelo}와 라파엘로^{Raffaello}의 이름을 넣어 화풍을 조정했습니다. Little Land War SRPG의 배경 이미지를 생성할 당시에는 아직 2.X 계통이 나오지 않았기 때문에 모두 1.X 계통에서 생성했습니다.

필자의 경험상 사실적인 이미지는 2.X 계통이 잘 나오며, 화풍 지정은 1.X 계통이 제어하기 쉽습니다. 2.X 계통의 경우 txt2img로 사실적인 그림을 출력한 뒤, img2img로 화풍을 조정하면 좋은 결과가 나옵니다.

8.2 그림의 내용

판타지 게임의 배경은 크게 자연경관과 건축물로 나뉩니다. 자연경관은 산, 숲, 호수 등입니다. 건축물은 성, 요새, 실내 모습 등입니다.

자연경관

간단한 키워드로 높은 퀄리티의 자연경관을 생성할 수 있습니다. 자연경관을 생성할 때는 지형에 관계없이 landscape라는 단어를 넣는 것이 좋습니다.

자연경관을 생성하는 요령은 텍스트로 세세한 경관을 지정하는 걸 피하는 것입니다. 예를 들어 앞쪽은 강, 뒤쪽은 초원, 멀리 보이는 곳은 산악 지대로 지정하면 문구로 쓰더라도 성공률이 낮습니다. 단순히 산, 강만 지정하는 것이 좋은 구도의 자연경관이 생성될 확률이 높습니다. 어설프게 세밀한 위치를 지정해 그대로 만들려고 하면 잘 안 됩니다. 강, 초원, 산과 같은 독립적인 문구를 지정하고, 배치에 대해서는 대량으로 생성된 이미지에서 선택하는 것이 최종 생성까지 걸리는 시간이 짧아집니다.

또 다른 방법은 밑그림을 그리는 것입니다. 밑그림을 그리면 꽤 높은 확률로 지정한 배치대로 이미지를 얻을 수 있습니다. 직접 그림을 그리는 것이 서툴다면 일단 Stable Diffusion에서 몇 장의 그림을 출력한 후, 손으로 직접 수정해 보시기 바랍니다. 그 이미지를 img2img의 입력 값으로 사용하면 좋은 결과를 얻을 수 있습니다.

중요한 것은 프롬프트에 너무 세세한 지시를 많이 넣지 않는다는 것입니다. 그보다는 중요한 키워드를 전달한 후 대량으로 생성해 그중에서 선별하는 것이 좋습니다. 자연 풍경의 경우, 많은 학습 이미지가 있으므로 다양한 변형을 만들어 줍니다.

자연 풍경을 회화풍으로 생성할 때 작은 인물의 그림자나 수수께끼의 생물이 섞이는 경우가 많습니다. 서양화의 풍경화 속에 인물이 들어가는 경우가 많아서 생기는 현상이라고 생각합니다.

▼ 불순물이 섞임

완전히 막을 수는 없지만, Negative Prompt에 사람이나 인체 등을 나타내는 단어를 넣으면 억제할 수 있습니다.

👎 **Negative prompt**

human, body, boy, girl, man, woman, mob,

건축물

건축물은 상당히 어렵습니다. Stable Diffusion이 입체를 이해하고 있지 않아서, 3차원의 정확한 이미지는 생성되지 않는다고 생각하는 것이 좋습니다. 3차원 시점에서 보면 망가진 이미지가 출력됩니다. 건축물은 직선으로 구성된 것이 많기 때문에 3차원의 어긋남이 쉽게 드러납니다. 그래서 정확한 이미지가 아니라 그럴듯한 이미지를 만드는 것을 목표로 설정합니다. 목표를 제대로 정하지 않으면 낭패를 보게 됩니다.

실외 이미지라면 건물을 너무 크게 그리지 않는 것이 좋습니다. 크게 그리면 오른쪽 끝과 왼쪽 끝에서 3차원의 방향 축이 어긋나는 경우가 종종 발생합니다. 작고 정면으로 그려진 것을 채택하는 것이 좋습니다.

실내 이미지의 경우, 만들려는 장면이 많이 등장하는 게임명을 입력하면 좋은 결과를 얻을 수 있다고 합니다. '연구소'나 '여관' 등은 게임에서도 자주 볼 수 있습니다. 이러한 데이터가 준비된 경우, 완성도가 높은 이미지가 생성되기 쉽습니다. 그런 데이터가 없다면 '도서관+약품 선반', '창고+골동품'과 같이 여러 장면을 조합하여 이미지를 만들면 효과적입니다. 출력된 이미지가 만족스럽지 않은 경우의 해결 방안도 소개합니다. 이미지를 생성한 뒤, 수정 가능성이 있어 보이는 이미지의 부실한 부분을 img2img의 Inpaint로 다시 작성합니다. 시점이나 구도를 재구성해서 덜 무너지도록 하는 것도 좋은 방법입니다. 예를 들어, 여관 전체를 내려다보는 이미지는 망가지지 쉽지만, 여관 주인이 있는 카운터만이면 실패할 가능성이 낮습니다.

레이아웃 주의

캐릭터 일러스트와 결합할 이미지를 생성할 때는 배경 이미지의 레이아웃에 주의해야 합니다. '성' 이미지를 만들었다고 가정할 때, 성이 중앙에 있으면 캐릭터가 중앙에 왔을 때 보이지 않게 됩니다. 이는 상당히 중요합니다. 화산, 큰 나무, 성문 등 중요한 오브젝트가 보이지 않으면 게임 화면의 의미를 알 수 없습니다. 이미지만 보고 선택하는 것이 아니라, 실제로 게임에 사용했을 때 다른 부품과 함께 배열했을 때 어떻게 보이는지도 신경 써야 합니다. 이 문제를 해결하는 방법은 크게 두 가지가 있습니다. 첫 번째는 그릴 대상이 중앙에 오지 않도록 이미지를 생성하는 것입니다. 이미지를 대량으로 생성하여 중앙에 오지 않는 것을 선택하면 됩니다. 두 번째 방법은 캐릭터의 위치나 크기를 변경할 수 있도록 하여 배경에 겹치지 않게 하는 것입니다. 이 방법은 위치와 크기를 지정하는 데이터를 만들어, 프로그램에서 대응해야 합니다.

장단점이 있지만, 배경 이미지의 품질을 고려해 Little Land War SRPG에서는 후자를 채택했습니다.

▼ 캐릭터 중앙 배치

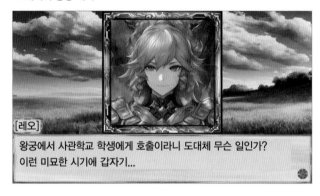

▼ 캐릭터 중앙 회피

시점

시점은 기본적으로 long shot으로 지정하면 문제없습니다. 경우에 따라서는 far long shot 이나 wide view 등의 문구를 넣기도 합니다. 이런 문구를 넣지 않아도 자연경관을 만들 때 landscape가 있으면 풍경 사진이나 풍경화 같은 그림으로 만들어 줍니다. 풍경이라는 단어 로 연상되는 시점은 의외로 그 수가 적어 너무 세밀하게 지정하지 않아도 양호한 결과가 나 오는 경우가 많습니다.

8.3 실습

첫 번째는 '호수 너머로 산이 있는 풍경', 두 번째는 '성을 바라보는 풍경', 세 번째는 '마법 연구소 내부 이미지'입니다.

학습 모델은 v2-1_512-ema-pruned.safetensors[1]를 선택하고, 이미지 크기는 가로 912, 세로 512로 설정합니다. Negative prompt는 다음을 공통으로 사용합니다.

👎 **Negative prompt**

text, error, worst quality, low quality, normal quality, jpeg artifacts, signature, watermark, username, blurry, shadow, flat shading, flat color, grayscale, black&white, monochrome, frame, human, body, boy, girl, man, woman, mob,

호수 너머로 산이 보이는 풍경

다음 프롬프트로 생성합니다. 1장만 출력하면 양호한 결과를 얻을 수 없으므로, Batch count의 수치를 높여서 여러 장을 출력합니다. 시행착오를 겪을 때는 4장 정도 생성하고, 어느 정도 프롬프트가 완성되면 한꺼번에 16장이나 32장을 출력하는 것이 좋습니다.

---

1 역자주_ 해당 모델은 아래 링크에서 내려 받을 수 있습니다.
https://huggingface.co/stabilityai/stable-diffusion-2-1-base/tree/main
내려 받은 파일은 아래 위치에 배치하세요.
⟨설치 위치⟩/models/Stable-diffusion/

beautiful detailing landscape painting,

masterpiece, best quality, concept art, extremely detailed,

ray tracing, beautiful composition,

(wide lake: 1.3},

(mountains: 1.1),

blue sky of summer, daytime,

upper sunlight and bright golden sun,

far long shot, below view, brilliant photo,

sharp focus, atmospheric lighting, realism,

8k, ray tracing, cinematic lighting, cinematic postprocessing,

(style of high fantasy: 1.3),

(style of gothic: 1.1),

(style of renaissance:0.7),

다음은 출력한 이미지에서 골라낸 한 장입니다.

▼ 호수 너머로 산이 있는 풍경 txt2img

풍경 이미지를 하나 만들어, img2img로 화풍을 바꿔봅니다. 프롬프트와 출력 이미지를 소개합니다.

rough oil painting, (rough watercolor: 1.2),
masterpiece, best quality, concept art,

▼ 호수 너머로 산이 있는 풍경 img2img1

▼ 호수 너머로 산이 있는 풍경 img2img2

Stable Diffusion 2.X 계통은 txt2img에서 화풍 문구가 잘 적용되지 않습니다. img2img에서는 잘 작동하므로 나중에 화풍 문구를 지정하면 편합니다. 또한 img2img는 원화를 충실하게 따르지는 않고, 유사한 이미지를 생성합니다. 쓸만한 것을 얻으려면 여러 장 출력해야 합니다. 명도나 채도만 수정하는 목적이라면 이미지 편집 프로그램으로 수정하는 것이 더 빠를 것입니다.

성을 바라보는 풍경

Stable Diffusion은 원근 투영으로[2] 그리지 않습니다. 그래서 입체적인 공간에 여러 개의 직선이 들어가는 그림을 제대로 그려주지 않습니다. 성이나 마을 풍경과 같은 입체적인 그림은 망가지기 쉽습니다.

해결 방법 중 하나는 대량으로 출력해서 직접 고르는 것입니다. 대량 출력한 이미지 중에서 좋은 것을 골라내면 실패를 줄일 수 있습니다. 두 번째는 밑그림을 준비하는 것입니다. 실

2 역자주_ perspective projection, 건조물의 투시도 또는 완성 예상도

제로 그림을 그릴 필요는 없습니다. 블록이나 쌓아 놓은 책 등으로 레이아웃을 구성하고 스마트폰으로 촬영해 img2img의 입력 이미지로 사용하면 됩니다. 수고스럽지만, 완성도가 높은 이미지를 얻을 수 있습니다.

여기서는 첫 번째 방법을 사용하여 이미지를 만듭니다. 프롬프트는 다음과 같습니다.

👍 Prompt

beautiful detailing landscape painting,
masterpiece, best quality, concept art, extremely detailed,
ray tracing, beautiful composition,
(crowded street in middle ages town: 1.7),
(long shot small fantasy castle: 0.5),
blue sky of summer, noon,
below view, brilliant photo,
sharp focus, atmospheric lighting, realism,
8k, ray tracing, cinematic lighting, cinematic postprocessing,
(style of high fantasy: 1.3),
(style of gothic: 1.1),
(style of renaissance:0.7),

다음은 출력된 이미지 중에서 한 장 골라낸 것입니다. 좀처럼 프롬프트대로 이미지가 생성되지 않았지만, 출력된 것 중 비교적 양호한 것을 골랐습니다.

▼ 성을 바라보는 풍경 txt2img

다음으로 출력한 이미지의 화풍을 img2img로 바꿉니다. 다음은 프롬프트와 출력 이미지입니다. crowded street는 가중치를 높여도 효과가 별로 없었지만, 첫 장에서는 꽤 효과를 봤습니다.

👍 Prompt

rough oil painting, (rough watercolor: 1.2),
masterpiece, best quality, concept art,
(crowded street: 1.9) in (middle ages town: 1.5),
(long shot small fantasy castle: 1.2),
blue sky of summer, noon,

▼ 성을 바라보는 풍경 img2img1

▼ 성을 바라보는 풍경 img2img2

마법 연구소 내부 모습

마지막은 실내 이미지 생성입니다. 처음에는 프롬프트에 library를 넣었지만, 화면이 너무 깔끔한 느낌이라 도중에 제외했습니다. 이와 같은 이미지를 만들 때는 마법 연구소의 이미지와 비슷한 장소나 실제로 존재할 것 같은 장소를 조합하여 프롬프트를 만들면 좋습니다. 다음은 프롬프트입니다.

Prompt

beautiful detailing painting,
masterpiece, best quality, concept art, extremely detailed,
ray tracing, beautiful composition,
(messy atelier: 1.7),
(alchemist laboratory:1.2),
(ancient dark wooden antique warehouse:0.5),
(many steampunk experimental device:0.8),
(many ancient book: 0.6),
(many laboratory instrument:0.5),
long shot, below view, brilliant photo,
sharp focus, atmospheric lighting, realism,
8k, ray tracing, cinematic lighting, cinematic postprocessing,
(style of high fantasy: 1.3),
(style of gothic: 1.1),
(style of renaissance:0.5),

다음은 출력된 이미지 중에서 고른 한 장입니다. 마법 연구소답게 어수선한 모습입니다.

▼ 마법 연구소 내부 이미지 txt2img

생성된 이미지의 화풍을 img2img로 변경합니다. 다음은 프롬프트와 출력 이미지로, 같은 입력 이미지라도 출력은 약간씩 차이가 있습니다.

🖕 Prompt

bright color, (pastel color:0.5),
(rough oil painting:0.8), (watercolor: 1.2),
masterpiece, best quality, concept art,
(messy atelier: 1.7),
(alchemist laboratory: 1.2),
(ancient dark wooden antique warehouse:0.5),
(many steampunk experimental device:0.8),
(many ancient book: 0.6),
(many laboratory instrument:0.5),

▼ 마법 연구소 내 이미지 img2img 1

▼ 마법 연구소 내 이미지 img2img 2

8.4 실제 게임 개발에서 배경 이미지 제작

Little Land War SRPG에서 배경 이미지를 만들었을 때의 이야기를 하자면 게임 속에서는 배경 이미지 위에 캐릭터 이미지를 올려서 작업했습니다. 캐릭터 이미지와 배경이 동일한 비중이라면 화면이 잘 보이지 않을 것 같아 배경 이미지의 정보량을 줄였습니다.

▼ 스토리 화면

다음의 첫 번째 사진은 Stable Diffusion으로 출력한 이미지이고, 두 번째 사진은 해상도를 높여서 가공한 이미지입니다.

▼ 배경 이미지 가공 전

▼ 배경 이미지 가공 후

색감을 바꾼 것뿐만 아니라 디테일도 다듬었습니다. 카메라로 인물을 찍을 때 배경을 흐리게 하는 것과 마찬가지로, 정보량을 줄여서 캐릭터와 배경이 구분되도록 했습니다. 다음은 같은 위치를 비교한 이미지입니다. 확실히 정보량이 줄어든 것을 알 수 있습니다.

▼ 배경 이미지 가공 전

▼ 배경 이미지 가공 후

CHAPTER 09

배경 생성
②현대

Stable Diffusion으로 현대 배경의 게임용 학교, 번화가, 도시 배경 이미지를 생성해 봅니다.

이 장에서는 '현대 배경의 이미지 생성'을 다룹니다. 어드벤처 게임이나 소설 게임 등의 무대가 되는 일상 세계이자 현대적인 건물이 즐비한 평소에 흔히 볼 수 있는 풍경입니다. 학교 건물, 교실, 도시 풍경, 대도시의 풍경을 생성할 때 주의해야 할 점을 설명합니다.

9.1 실습

4종류의 이미지를 만들어 봅니다. 전반부에서는 현대물 게임에서 자주 등장하는 '학교'와 관련된 배경을, 후반부에서는 삶의 터전인 도시의 풍경을 생성합니다. 이미지 크기는 가로 910, 세로 512이고 Sampling method는 Euler입니다. Negative prompt는 아래를 공통으로 사용합니다.

Negative prompt

text, error, worst quality, low quality, normal quality, jpeg artifacts, signature, watermark, username, blurry, shadow, flat shading, flat color, grayscale, black and white, monochrome, frame, human, body, boy, girl, man, woman, mob,

학교 건물

학교 건물도 그렇고, 교실도 그렇습니다만, Stable Diffusion을 사용하여 일본의 일반적인 배경을 생성하기는 어렵습니다. 학습 모델은 일본의 사진을 기반으로 만들어진 것이 아니라, 미국의 사진을 기반으로 한 것이 많습니다. 그래서 학교 건물이나 교실은 미국 학교 건물이나 교실이 기본이 됩니다. 또한 단순히 일본을 나타내는 단어를 붙이면 '미국인이 생각하는 일본풍'이라는 이상한 그림이 됩니다.

이러한 경우는 두 가지 접근법이 있는데, 첫 번째는 일본인이 생각하는 이미지를 나열하여 비슷한 느낌의 이미지를 만드는 것이고, 두 번째는 일본의 사진이나 이미지가 많이 포함된 학습 모델을 사용하는 것입니다. '학교 건물'에서는 첫 번째 접근법을 채택합니다.

먼저, 참고할 학교의 건물 이미지를 몇 장 준비하여 img2img에 이미지를 끌어 놓아 Web UI의 Interrogate DeepBooru를 사용해 사진에서 파악할 수 있는 문구를 추출합니다. 다음은 추출한 문구의 예시입니다.

Prompt

architecture, bare_tree, building, bush, chain-link_fence, city, cityscape, day, fence, house, lamppost, no_humans, outdoors, pavement, road, scenery, sky, skyscraper,

건물이나 집, 초고층 빌딩(architecture, building, house, skyscraper), 나무나 수풀(bare_tree, tree, bush), 철망(chain-link_fence, fence), 도시나 도시 경관(city, cityscape), 포장된 도로(pavement, road, street), 하늘(sky) 등의 단어가 있습니다. 일본의 학교 건물은 이러한 요소로 구성되어 있음을 알 수 있습니다.

학습 모델 1.5를 이용하여 다음 프롬프트로 이미지를 생성합니다.

Prompt

beautiful detailing landscape,
masterpiece, best quality, concept art, extremely detailed,
ray tracing, beautiful composition,
(school building: 1.5),
architecture, building,
bare_tree, chain-link_fence,
japanese city, japanese cityscape, pavement, road, street,
day, blue sky,
low angle,
brilliant photo, sharp focus, atmospheric lighting, realism,
8k, ray tracing, cinematic lighting, cinematic postprocessing,

다음은 출력된 이미지 중에서 4장을 골라낸 것입니다. 그럴듯한 학교 건물 이미지가 생성되었습니다.

▼ 힉교 건물1 txt2img

▼ 학교 건물2 txt2img

▼ 학교 건물3 txt2img

▼ 학교 건물4 txt2img

학교 교실

공식 학습 모델로 일본의 초등학교~고등학교까지의 교실을 만들기는 어려워서, 미국풍의 교실 이미지가 많이 생성되어 버립니다. 대학교의 교실이라면 큰 차이가 없으므로 어렵지 않게 만들 수 있습니다.

여기서는 두 번째 방법으로 학습 모델을 바꿔서 생성합니다. 일본 일러스트나 애니메이션, 만화에 강한 모델을 사용하면 좋습니다. 이번에 사용할 학습 모델은 derrida_final.ckpt입니다. derrida_final.ckpt 파일은 앞서 설명한 1.9절 '학습 모델 추가 확보②'를 참고하여 이용합니다. 교실을 나타내는 단어로 high school classroom을 지정했습니다. 또한 'chair, green chalkboard, some wood school_desk'로 교실의 모습을 표현합니다.

> **👍 Prompt**
>
> high school classroom, chair, green chalkboard, some wood school_desk, no_humans, window,

품질 조정용 문구를 추가한 최종 프롬프트는 다음과 같습니다.

> **👍 Prompt**
>
> beautiful detailing landscape,
> masterpiece, best quality, concept art, extremely detailed,
> ray tracing, beautiful composition,
> style of japanese animation,
> (high school classroom: 1.5),
> chair, green chalkboard,
> some wood school desk,
> indoors, no_humans, scenery, window,
> day, low angle,
> brilliant photo, sharp focus, atmospheric lighting, realism,
> 8k, ray tracing, cinematic lighting, cinematic postprocessing,

다음은 출력된 이미지에서 선별한 4장입니다. 그럴듯한 이미지는 생성되었지만, 책상의 배치나 책상 다리를 제대로 출력할 수는 없었습니다. 이런 부분은 자르거나 흐리게 처리하여 보정하면 좋습니다.

▼ 학교 교실1 txt2img

▼ 학교 교실2 txt2img

▼ 학교 교실3 txt2img

▼ 학교 교실4 txt2img

거리의 풍경

거리의 풍경도 기본 모델로 생성하면 일본이 아닌 서양의 풍경이 됩니다. 그래서 참고 이미지를 모아 img2img의 Interrogate DeepBooru를 사용하여 문구를 추출합니다. 다음은 추출된 문구의 예시입니다.

Prompt

architecture, bare_tree, bridge, building, castle, city, cityscape, cloud, day, east_asian_architecture, house, lamppost, outdoors, pagoda, real_world_location, road, scenery, sky, skyline, skyscraper, snow, street, tokyo_city, tower, tree

이 중에서 몇 개의 단어를 선택합니다. 또한 Interrogate DeepBooru에서 수집한 문구는 알

파벳 순서이므로, 강조하고 싶은 단어가 앞에 오도록 정렬합니다. 다음은 선별하여 재배열한 내용입니다.

👍 **Prompt**

tokyo_city, east_asian_architecture, real_world_location, city, cityscape, house, outdoors, road, bare_tree, sky, skyline, skyscraper, street, cloud, day,

이 문구와 학습 모델 1.5를 적용해 다음 프롬프트로 이미지를 생성합니다.

👍 **Prompt**

beautiful detailing landscape,
masterpiece, best quality, concept art, extremely detailed,
ray tracing, beautiful composition,
tokyo_city, east_asian_architecture, real_world_location,
city, cityscape, house,
outdoors, road, bare tree,
sky, skyline, skyscraper, street, cloud, day,
low angle,
brilliant photo, sharp focus, atmospheric lighting, realism,
8k, ray tracing, cinematic lighting, cinematic postprocessing,

다음은 출력된 이미지 중에서 골라낸 4장입니다. '도쿄의 거리 풍경', '동남아시아 도시의 거리 풍경'을 연상시키는 이미지가 생성되었습니다.

▼ 거리의 풍경1 txt2img

▼ 거리의 풍경2 txt2img

▼ 거리의 풍경3 txt2img

▼ 거리의 풍경4 txt2img

대도시의 조감도

지금까지 문구를 상당히 세부적으로 지정했지만, 일반적인 개념이 있는 이미지는 짧은 문구로 생성할 수 있습니다. 대도시의 조감도는 megacity라는 문구로 생성할 수 있습니다. megacity를 나타내는 이미지는 모두 높은 곳에서 내려다본 시점으로 촬영했으므로, 유사한 시점의 도시 이미지가 생성됩니다.

이런 문구를 찾는 방법은 몇 가지 팁이 있습니다. 구글 이미지 검색에서 '대도시 조감도' 등으로 검색해서 해당 이미지에 붙은 캡션을 수집하면 효과적으로 생성 가능한 문구를 얻을 수 있습니다.

학습 모델 1.5를 이용하여 이미지를 생성해 봅시다. 다음은 프롬프트와 출력 이미지로, 고층 빌딩이 빽빽하게 들어선 모습이 생성되었습니다.

megacity

▼ 대도시 조감도1 txt2img

▼ 대도시 조감도2 txt2img

▼ 대도시 조감도3 txt2img

▼ 대도시 조감도4 txt2img

CHAPTER 10

배경 생성
③SF

Stable Diffusion으로 SF 게임용 우주, 미래 거리 풍경, 미래 대도시, 달 기지 배경 이미지를 생성해 봅니다.

'SF 배경 이미지 생성'을 알아봅니다. SF는 Science Fiction의 약자로, 공상과학이라고 부르며 미래 세계나 과학적 허구가 담긴 장르를 뜻합니다. 이 장에서는 SF 스타일의 미래 세계를 다룹니다. 우주, 미래 거리 풍경, 미래 대도시, 달 기지 등의 이미지를 생성하면서 주의할 점을 설명합니다.

10.1 실습

4종류의 이미지를 만들어 봅니다. SF용 이미지는 짧은 문구로 만들 수 있는 경우가 많습니다. 일반적인 이미지를 나타내는 문구에 SF를 나타내는 sci-fi라는 단어를 붙이면 SF풍 이미지를 얻을 수 있습니다.

이번에 만들 이미지의 크기는 가로 910, 세로 512입니다. Sampling method는 Euler이고, 학습 모델은 모두 1.5를 사용합니다. Negative prompt는 아래를 공통으로 사용합니다.

👎 Negative prompt

text, error, worst quality, low quality, normal quality, jpeg artifacts, signature, water-
mark, username, blurry, shadow, flat shading, flat color, grayscale, black and white,
monochrome, frame, human, body, boy, girl, man, woman, mob,

우주

우주라고 하면 어떤 것이 연상되나요? 우주의 이미지에는 몇 가지 방향성이 있습니다. '밤하늘', '은하계', 'SF풍 별과 행성' 등에 우주의 이미지가 담겨 있습니다. 여기서는 먼저 밤하늘을 만들고, 다음으로 은하계 이미지를 만들어 봅니다. 마지막에 커다란 행성을 화면에 포함한 이미지를 생성합니다.

밤하늘 이미지는 짧은 프롬프트로 생성할 수 있습니다. 어설프게 여러 단어를 입력하지 않는 것이 좋습니다. 다음은 프롬프트와 출력 이미지입니다. 제법 근사한 밤하늘이 생성되었습니다.

starry sky

▼ 밤하늘1 txt2img

▼ 밤하늘2 txt2img

▼ 밤하늘3 txt2img

▼ 밤하늘4 txt2img

다음은 우주 공간입니다. galaxy나 universe로 괜찮은 이미지를 얻을 수 있고 deep space로도 비슷한 이미지를 얻을 수 있습니다. 색감이 너무 강렬하다면 이미지 편집 프로그램으로 채도나 밝기를 조절하면 좋습니다.

galaxy

▼ 은하계 galaxy1 txt2img

▼ 은하계 galaxy2 txt2img

universe

▼ 은하계 universe1 txt2img

▼ 은하계 universe2 txt2img

다음은 SF풍의 행성입니다. 'planet(행성)'에 공상과학적인 요소를 추가하는 것만으로도 그럴싸한 이미지를 생성할 수 있습니다. 다음은 프롬프트와 출력 이미지입니다.

planet, sci-fi

▼ 행성1 txt2img

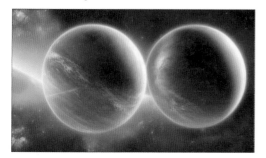

▼ 행성2 txt2img

▼ 행성3 txt2img

▼ 행성4 txt2img

미래 거리 풍경

미래의 도시 풍경은 future city라는 문구로 생성할 수 있습니다. 미래 전망도의 도시 풍경을 표현한 이미지가 생성됩니다. 다음은 프롬프트와 출력 이미지입니다.

future city

▼ 미래 거리 풍경1 txt2img

▼ 미래 거리 풍경2 txt2img

▼ 미래 거리 풍경3 txt2img

▼ 미래 거리 풍경4 txt2img

future city는 조금 높은 시점의 이미지였습니다. 이미지의 시점을 낮추려면 street view를 붙입니다. 여기에 sci-fi를 추가하여 이미지를 생성합니다. 다음은 프롬프트와 출력 이미지입니다.

future city, street view, sci-fi,

▼ 미래 거리 풍경 저시점1 txt2img

▼ 미래 거리 풍경 저시점2 txt2img

▼ 미래 거리 풍경 저시점3 txt2img

▼ 미래 거리 풍경 저시점4 txt2img

미래 대도시의 조감도

현대 배경 생성에서는 '대도시 이미지'를 생성했습니다. 여기서는 '미래 대도시 이미지'를 생성합니다. 다음은 프롬프트와 출력 이미지입니다. 짧은 문구를 추가하는 것으로 대도시의 이미지가 SF풍으로 바뀝니다.

megacity, sci-fi, future city,

▼ 미래의 대도시1 txt2img

▼ 미래의 대도시2 txt2img

▼ 미래의 대도시3 txt2img

▼ 미래의 대도시4 txt2img

높은 곳에서 내려다보는 시점으로 만들어 봅니다. 먼저 bird view라는 문구를 사용합니다. 다음은 프롬프트와 출력 이미지입니다.

future city, bird view, sci-fi,

▼ 미래의 대도시 bird view1 txt2img

▼ 미래의 대도시 bird view2 txt2img

▼ 미래의 대도시 bird view3 txt2img

▼ 미래의 대도시 bird view4 txt2img

이어서 high angle이라는 문구를 사용합니다. 다음은 프롬프트와 출력 이미지입니다.

👍 Prompt

future city, high angle, sci-fi,

▼ 미래의 대도시 high angle1 txt2img

▼ 미래의 대도시 high angle2 txt2img

▼ 미래의 대도시 high angle3 txt2img

▼ 미래의 대도시 high angle4 txt2img

이렇게 문구를 추가하면 출력되는 이미지의 시점을 제어할 수 있습니다.

달 기지

달 기지는 moonbase로 생성할 수 있지만, 성공 확률은 낮습니다. moonbase 단어로는 SF
풍의 장난감 패키지 이미지가 많이 생성됩니다. 아마 실제로 동일한 이름의 장난감도 있을
것 같습니다.

그래서 장르를 고정하기 위해 sci-fi를 추가했습니다. 일반 명사와 상품명 혹은 작품명이 뒤
섞여 의미가 변질되는 경우가 종종 있습니다. 이럴 때는 별도의 단어를 추가하여 의미를 제
한하거나 해당 단어를 사용하지 않고 특징만으로 프롬프트를 구성합니다.

다음은 프롬프트와 출력 이미지입니다.

👍 **Prompt**

moonbase, sci-fi,

▼ 달 기지1 txt2img

▼ 달 기지2 txt2img

▼ 달 기지3 txt2img

▼ 달 기지4 txt2img

CHAPTER 11

배경 생성
④사이버펑크

Stable Diffusion으로 사이버펑크 게임용 도시, 바, 호화로운 방, 실험실 배경 이미지를 생성해 봅니다.

이번 장에서는 '사이버펑크 배경 이미지 생성'을 다룹니다. 사이버펑크는 1980년대에 인기를 끌었던 SF의 하위 장르입니다. 사이버 공간과 불법적인 활동이 횡행하는 어두운 세계를 무대로 합니다. 여기서는 사이버펑크적인 도시, 바, 호화로운 방, 연구실의 이미지를 생성하면서 주의해야 할 점을 설명합니다.

11.1 실습

사이버펑크는 공학과 생물학의 융합을 뜻하는 사이버네틱스^{Cybernetics}와 반체제적 문화 흐름인 펑크^{Punk}가 결합된 단어입니다. 사이버펑크의 특징은 사이버 공간과 인체 개조, 거대 기업이 지배하는 사회, 네온사인이 가득한 거리, 언더그라운드^{underground} 활동 등이 있습니다. 대표적인 작품으로는 '공각기동대', '블레이드 러너$^{Blade\ Runner}$', '뉴로맨서^{Neuromancer}' 등이 있습니다.

이번에는 네 종류의 이미지를 만듭니다. SF와 마찬가지로 사이버펑크 이미지는 짧은 문구로 만들 수 있는 경우가 많습니다. 일반적인 이미지를 나타내는 문구에 cyberpunk라는 단어를 붙이면 곳곳에 형광색을 사용한 사이버펑크풍의 이미지를 얻을 수 있습니다.

이미지 크기는 가로 910, 세로 512입니다. Sampling method는 Euler이고, 학습 모델은 모두 1.5를 사용합니다. Negative prompt는 아래를 공통으로 사용합니다.

👎 Negative prompt

text, error, worst quality, low quality, normal quality, jpeg artifacts, signature, watermark, username, blurry, shadow, flat shading, flat color, grayscale, black and white, monochrome, frame, human, body, boy, girl, man, woman, mob,

사이버펑크풍 도시

도시를 나타내는 단어에 cyberpunk를 추가하여 이미지를 생성할 수 있습니다. 먼저 down-town을 생성해 봅니다. cyberpunk의 영향력을 바꾸고 싶다면, 단어의 순서를 바꾸거나 괄호로 둘러싸 강조하는 것이 좋습니다.

Prompt

cyberpunk, downtown,

다음은 출력된 이미지에서 골라낸 4장입니다. 화려한 형광색으로 빛나는 도시의 모습이 생성됩니다. 사이버펑크풍의 야간의 이미지가 많이 출력됩니다.

▼ 사이버펑크풍 도시 downtown1 txt2img

▼ 사이버펑크풍 도시 downtown2 txt2img

▼ 사이버펑크풍 도시 downtown3 txt2img

▼ 사이버펑크풍 도시 downtown4 txt2img

다음은 street을 생성합니다. 거리나 도시의 풍경을 나타내는 단어는 다양합니다. 사전을 찾아보면 관련된 단어를 많이 찾을 수 있습니다. 유의어 사전을 이용하는 방법도 있습니다.

street, cyberpunk,

다음은 출력한 이미지에서 골라낸 4장입니다. 단어를 바꿔서 도시 내부를 바라보는 모습으로 바꿨습니다. 도시가 비에 젖은 듯 축축한 느낌으로 변했습니다.

▼ 사이버펑크풍 도시 street1 txt2img

▼ 사이버펑크풍 도시 street2 txt2img

▼ 사이버펑크풍 도시 street3 txt2img

▼ 사이버펑크풍 도시 street4 txt2img

마지막은 slum을 생성합니다. 황폐한 빈민가의 모습이 그려집니다. 사이버펑크의 세계는 빈부격차가 표현되는 경우가 잦습니다. 부자의 모습과 빈민이 가득한 장면의 대비는 필수라고 할 수 있습니다. 이러한 빈민가의 모습은 사이버펑크 계열 게임에 활용할 수 있습니다.

Prompt

slum, cyberpunk,

▼ 사이버펑크풍 도시 slum1 txt2img

▼ 사이버펑크풍 도시 slum2 txt2img

▼ 사이버펑크풍 도시 slum3 txt2img

▼ 사이버펑크풍 도시 slum4 txt2img

사이버펑크풍 바

모든 사물에 '사이버펑크'를 붙이면 현란하게 빛나는 사이버펑크풍 이미지를 만들 수 있습니다. 술집, 약국, 밀매상 등 다양한 장소가 사이버펑크 게임의 무대가 될 수 있습니다.

Prompt

bar, cyberpunk,

다음은 출력한 이미지 중에서 선택한 4장입니다. 교실 이미지에서도 그랬지만, 의자나 책상 다리가 많은 이미지는 Stable Diffusion이 취약한 분야입니다. 여러 장을 생성해 문제 없는 이미지만 추려내거나, 이상한 부분을 잘라서 가리는 것이 좋습니다. 아니면 Negative prompt에 의자를 넣어 카운터 위쪽의 이미지만 생성하도록 지시하는 방법도 있습니다.

▼ 사이버펑크풍 바1 txt2img

▼ 사이버펑크풍 바2 txt2img

▼ 사이버펑크풍 바3 txt2img

▼ 사이버펑크풍 바4 txt2img

사이버펑크풍 호화로운 방

사이버펑크의 세계는 빈부격차가 심합니다. '사이버펑크풍의 도시 생성'에서는 '빈민가 slum'를 그렸는데, 이번에는 '호화로운 방'을 그립니다.

luxury room으로 호화로운 방을 생성할 수 있습니다. 바에서도 그랬지만, 책상과 의자가 있으면 이미지가 비정상으로 만들어지는 경우가 많습니다. Negative Prompt에 불필요한 요소를 추가해 생성되지 않게 하는 것이 좋습니다. 다음은 프롬프트입니다.

cyberpunk, luxury room,

다음은 출력한 이미지 중에서 선별한 4장입니다. 가구가 많아 망가지기 쉬운 이미지이므로 여러 장을 생성해 그럴듯한 결과물을 선택했습니다. 호화로운 방은 깔끔하게 정돈되어 있어서 개별 오브젝트의 부조화가 특히 눈에 띄기 쉽습니다.

▼ 사이버펑크풍의 호화로운 방1 txt2img

▼ 사이버펑크풍의 호화로운 방2 txt2img

▼ 사이버펑크풍의 호화로운 방3 txt2img

▼ 사이버펑크풍의 호화로운 방4 txt2img

방 이미지는 무료 이미지 스톡 사이트에서 많이 찾을 수 있습니다. 수정이 자유로운 무료 자료를 이용해 img2img로 사이버펑크풍으로 만들어 보는 것도 좋은 방법입니다.

이번에는 사이버펑크풍의 실내 이미지를 생성했습니다. 좀 더 고급스러운 느낌을 연출하려면 사이버펑크라는 문구를 붙이지 않고 단순히 고급스러운 실내 이미지를 생성하면 됩니다. 높은 권력을 가진 사람은 그 세계와 단절된 고풍스러운 공간을 보유하고 있는 경우가 많습니다. 사이버펑크스럽지 않은 것이 오히려 권력의 크기를 더 크게 느끼게 합니다.

사이버펑크풍 연구실

실험실은 laboratory로 생성할 수 있습니다. 하지만 'cyberpunk, laboratory'로 지정하면 사이버펑크가 아닌 일반적인 연구실이 생성됩니다. 이럴 때는 단어를 추가하여 laboratory의 방향성을 바꾸면 됩니다. underground laboratory로 지정하여 위험하고 혼돈스러운 연구소의 모습을 생성합니다. 다음은 사용한 프롬프트입니다.

Prompt

cyberpunk, underground laboratory,

다음은 출력한 이미지 중 선별한 4장입니다. 지하에 위치한 비밀 연구실의 분위기를 느낄 수 있습니다.

▼ 사이버펑크풍 연구실1 txt2img

▼ 사이버펑크풍 연구실2 txt2img

▼ 사이버펑크풍 연구실3 txt2img

▼ 사이버펑크풍 연구실4 txt2img

PART
04

게임 소재
생성

CHAPTER 12

무기와 도구
생성

다양한 아이템을 선보이고 싶지만, 그래픽 제작이 힘들 때 Stable Diffusion으로 고민을 해결해 봅니다.

이 장에서는 '무기와 도구 생성'을 다룹니다. 밑그림을 바탕으로 img2img로 게임 소재를 만드는 방법을 설명 합니다.

12.1 무기와 도구 생성

게임용 소재로 무기나 도구를 생성할 때 그림 전체가 다 보이고, 방향이 일치하는 등 어느 정도 통일성이 있어야 합니다. 하지만 프롬프트만으로는 이러한 통일성을 구현하기 어렵습니다. AI가 자동으로 만들어주면 좋겠지만, 현재로서는 밑그림을 준비해서 img2img로 생성하는 것이 더 좋은 결과물을 얻을 수 있습니다. 밑그림이 복잡할 필요는 없으며, 간단하게 선과 채색으로만 구성한 그림만으로 충분합니다.

밑그림을 만들 때 주의해야 할 점은 여백을 크게 잡아야 한다는 것입니다. 여백이 많지 않은 이미지를 img2img의 소스로 사용하면 생성되는 이미지가 틀을 벗어나 버려 일관성을 유지할 수 없습니다. 특히 검과 같은 장신구는 여백을 많이 남겨두는 것이 좋습니다. 틈만 생기면 화면을 뚫고 나오려고 하기 때문입니다. 배경은 흰색으로 하고, 밑그림에 검은색 테두리를 굵게 그린 뒤 이미지의 배경을 삭제하면 투명 배경의 소재를 쉽게 만들 수 있습니다.

▼ 출력한 이미지

▼ 배경을 삭제하고 투명하게 만든 이미지

무기나 도구 이미지의 경우, 생성한 이미지를 밑그림으로 img2img를 수행하면 디테일이 살아 있는 이미지를 얻을 수 있습니다. Stable Diffusion의 특성상 단조롭게 색칠한 이미지를 밑그림으로 삼을 경우, 노이즈가 되는 성분이 적어서 생성된 이미지가 단순해지는 경우가 많습니다. 일단 가볍게 img2img를 적용해 이미지의 복잡도를 높인 후 최종 결과물을 목표로 하는 것이 좋습니다.

또한, 디테일이 미묘하게 이상할 때는 img2img의 Inpaint를 사용하여 이상한 부분만 다시 생성하는 방법도 있습니다. 이 때 원화의 이미지를 생성한 것과 동일하게 프롬프트를 지정합니다. 그리고 32장, 64장 등 이미지를 대량으로 생성합니다. 이렇게 하면 그 중에서 괜찮은 그림이 나오게 됩니다. 한두장만 생성하면 성공하는 그림이 나오지 않는 경우가 많습니다. 어느 정도 판단이 서면 대량으로 생성해서 선별하는 것이 Stable Diffusion에 최적화된 방법입니다.

다음은 무기나 도구를 생성할 때 붙이면 좋은 문구로, game asset은 특히 효과적입니다.

👍 Prompt

game asset, item graphic,

12.2 밑그림 그리기

밑그림을 그리는 것은 윈도우^{Windows}에 포함된 '그림판'으로도 가능합니다. 필자는 경로^{path}1로 그림을 그릴 수 있는 Inkscape²를 사용합니다. Inkscape는 원하는 해상도로 출력할 수 있습니다.

 Draw Freely | Inkscape

https://inkscape.org/ko

Inkscape를 이용할 때는 이미지 크기만큼 의 흰색 사각형을 배경으로 설정해 두어야 합니다. 그렇지 않으면 PNG로 출력할 때 배경이 투명해 집니다.

▼ 배경을 흰색으로 만들기

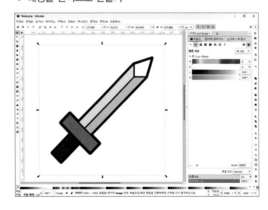

---

1 역자주_ Inkscape의 경로(path)는 점과 점을 이은 선 전체를 뜻하며, 경로를 제어하는 것으로 개체(Object)를 편리하게 편집할 수 있습니다.

2 역자주_ Inkscape는 무료 벡터 이미지 편집 소프트웨어입니다. 이 프로그램의 목적은 오픈소스 SVG를 W3C 표준으로 완벽하게 구현하는 것으로, 프로그램 이름은 '잉크'(ink)와 '랜드스케이프'(landscape)의 합성어입니다.

12.3 실습: 검 만들기

검을 그려봅니다. 밑그림은 단순해도 됩니다. 다음은 필자가 그린 밑그림 예시로, 윤곽선을 굵게 처리한 점에 주목하세요.

▼ 검 밑그림

이 밑그림을 입력 이미지로 img2img을 실행합니다. CFG Scale은 10으로, Denoising strength는 0.6으로 실행합니다. 다음은 프롬프트와 출력 이미지입니다.

👍 Prompt

sword, (game asset), (item graphic), fantasy,
highly detailed, (concept art), (style of high fantasy),
(watercolor: 1.2), (ink: 1.15), (oil painting: 1.1),
(bold line painting: 1.05),

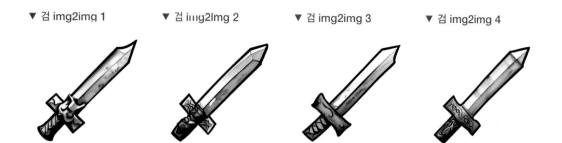

▼ 검 img2img 1   ▼ 검 img2img 2   ▼ 검 img2img 3   ▼ 검 img2img 4

생성한 이미지 중 마음에 드는 것이 있으면 그 결과물을 다시 img2img의 입력 이미지로 선택하여 디테일을 강화할 수 있습니다. 다음은 위의 첫 번째 이미지를 바탕으로 생성한 이미지입니다.

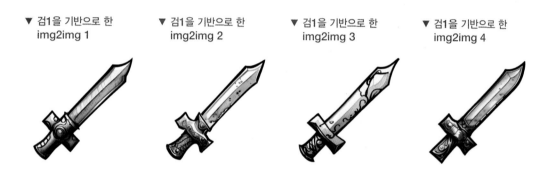

▼ 검1을 기반으로 한 img2img 1   ▼ 검1을 기반으로 한 img2img 2   ▼ 검1을 기반으로 한 img2img 3   ▼ 검1을 기반으로 한 img2img 4

출력된 이미지도 원본 이미지와 마찬가지로 윤곽선이 두껍습니다. 배경의 흰색 부분을 선택하여 삭제하면 투명한 배경의 아이템 이미지를 만들 수 있습니다.

12.4 실습: 보물상자 만들기

보물상자를 만듭니다. 다음은 필자가 그린 밑그림 예시로, 아주 단순한 것을 준비했습니다. 색상을 바꾸거나 장식을 추가해도 좋습니다.

▼ 보물상자 밑그림

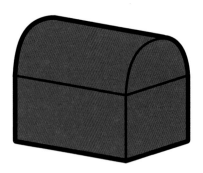

밑그림을 입력 이미지로 하여 img2img를 실행합니다. CFG Scale은 10으로, Denoising strength는 0.6으로 실행합니다. 다음은 프롬프트와 출력 이미지입니다.

👍 Prompt

treasure box
(game asset), (item graphic),
fantasy, highly detailed,
(concept art), (style of high fantasy),
(watercolor: 1.2), (ink: 1.15), (oil painting: 1.1),
(bold line painting: 1.05),

▼ 보물상자 img2img 1

▼ 보물상지 img2img 2

▼ 보물상자 img2img 3

▼ 보물상자 img2img 4

첫 번째 사진 외에는 별다른 장식이 포함되어 있지 않습니다. 장식이 들어가 있는 첫 번째 이미지를 입력으로 하여 다시 img2img를 실행합니다.

▼ 보물상자1을 기반으로 한 img2img 1-1

▼ 보물상자1을 기반으로 한 img2img 1-2

▼ 보물상자1을 기반으로 한 img2img 1-3

▼ 보물상자1을 기반으로 한 img2img 1-4

훨씬 보기 좋아졌지만, 장식을 조금 더 돋보이게 하고 싶으므로 두 번째 이미지를 입력으로 하여 다시 img2img를 실행합니다.

▼ 보물상자 1-2를 기반으로 한 img2img 1

▼ 보물상자 1-2를 기반으로 한 img2img 2

▼ 보물상자 1-2를 기반으로 한 img2img 3

▼ 보물상자 1-2를 기반으로 한 img2img 4

이렇게 img2img를 여러 번 반복하면 디테일을 살릴 수 있습니다.

12.5 실습: 물약 만들기

물약^{potion}을 만들어봅니다. Denoising strength 값을 변화시키면 생성되는 이미지가 어떻게 달라지는지 살펴봅니다. Denoising strength가 0에 가까울수록 원화를 그대로 유지하고, 1에 가까울수록 원화에서 멀어집니다.

밑그림은 플라스크를 똑바로 세운 상태입니다. 비스듬히 기울인 버전도 만들었지만 결과물이 만족스럽지 않아 세워진 상태로 만들었습니다. 변환이 잘 안되면 흔히 볼 수 있는 구도로 만들어 Stable Diffusion이 인식하기 쉽도록 합니다.

▼ 물약 밑그림

다음은 프롬프트입니다. Negative prompt는 비어 있고, CFG Scale은 7입니다.

Prompt

gothic magic potion,
(game asset), (item graphic),
fantasy, highly detailed,
(concept art), (style of high fantasy),
(watercolor: 1.2), (ink:1. 15), (oil painting: 1.1),
(bold line painting: 1.05),

다음은 Denoising strength를 다르게 설정해 생성한 이미지입니다.

Denoising strength: 0.9

원화의 구도는 그대로 유지하고 있지만, 원화와 상당히 다른 이미지가 생성됩니다. 단독으로 사용하기에는 좋은 이미지이지만, 잘라내어 사용하기에는 다소 곤란합니다.

▼ "0.9" 1   ▼ "0.9" 2   ▼ "0.9" 3   ▼ "0.9" 4

Denoising strength: 0.75

원화의 영향을 강하게 받은 이미지도 있고, 크게 벗어난 이미지도 있습니다.

▼ "0.75" 1

▼ "0.75" 2

▼ "0.75" 3

▼ "0.75" 4

Denoising strength: 0.65

상당히 원화에 가까운 이미지로 나왔습니다.

▼ "0.65" 1

▼ "0.65" 2

▼ "0.65" 3

▼ "0.65" 4

원화의 형태를 거의 그대로 유지하고 있습니다.

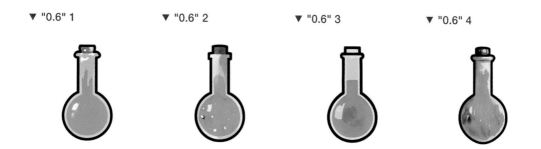

▼ "0.6" 1   ▼ "0.6" 2   ▼ "0.6" 3   ▼ "0.6" 4

이 출력 결과물에서 실루엣을 유지하는 것이 중요하다면 0.6에 가까운 수치를, 단독 이미지로 사용하고 싶다면 0.9에 가까운 수치를 사용하면 좋다는 것을 알 수 있습니다. 목적에 따라 수치를 바꿔가며 생성하면 좋습니다.

12.6 게임 내 효과 이미지 만들기

Little Land War SRPG에서 이펙트effect용 이미지를 제작했을 때의 이야기입니다. 다음 이미지는 드래곤이 내뿜는 '불의 숨결' 원본 데이터입니다. 이 이미지를 바탕으로 CFG Scale과 Denoising strength의 차이에 따른 여러 변형을 만들었습니다. 프롬프트는 아래를 공통으로 사용했습니다.

▼ 불의 숨결 원본 이미지

 Prompt

fire explosion, item graphic, fantasy, game asset,
highly detailed, (concept art), (watercolor),
(ink), (oil painting), (bold line painting), (style of high fantasy),

다음은 실제로 만들어진 변형 결과물들입니다. 불에 관련된 그림이므로, 원본 이미지에 구속되지 않게 하면 불꽃이 위를 향해 치솟아 제어하기 어려웠습니다. 실제 이미지 제작 과정에서는 단어의 느낌과 원본 그림에 대한 제약 사항의 균형을 잘 맞춰야 합니다.

▼ 불의 숨결1

▼ 불의 숨결2

▼ 불의 숨결3

▼ 불의 숨결4

CHAPTER 13

아이콘 작성

**아이콘 디자인 아이디어가 떠오르지 않을 때
Stable Diffusion을 활용해 봅니다.**

이 장에서는 '아이콘 만들기'를 다룹니다. 프롬프트를 바탕으로 만든 아이콘 이미지를 경로로 만들어 게임에서 사용할 수 있는 소재를 만듭니다.

13.1 아이콘 생성

게임용 아이콘은 사실적인 것, 기호로 표현된 것 등 다양한 종류가 있습니다. 사실적인 아이콘은 12장에서 만든 이미지를 참고로 하면 되므로 여기서는 다루지 않겠습니다. 이 장에서 다루는 것은 기호로 표현된 아이콘입니다.

불꽃이나 바람 등의 심볼 실루엣으로 경로를 만들어 소재로 활용합니다. 경로로 만들면 다양한 해상도로 사용할 수 있는 이미지를 만들 수 있습니다. Inkscape를 이용해 경로로 만듭니다.

 Draw Freely | Inkscape

https://inkscape.org/ko

또한 Inkscape에서 만든 가이드 이미지를 img2img에서 사용합니다. 다음의 가이드 이미지에서 회색 부분은 미세한 노이즈가 포함되어 있어, 이 부분에 이미지가 생성됩니다. 반면 흑백 부분은 거의 변화 없이 그대로 출력됩니다.

▼ 아이콘의 가이드   ▼ 일부 확대

13.2 밑그림 만들기

Web UI로 아이콘 밑그림을 만듭니다. '땅', '물', '불', '바람'의 밑그림을 만듭니다. 수십 장씩 출력해서 쓸만한 것을 선별하고 있습니다. 실제로 만들 때는 전체적인 통일감도 고려해야 하므로 상당히 끈기가 필요합니다.

txt2img로 출력한 것과 입력 이미지(가이드)를 설정해 img2img로 생성한 것을 소개합니다. 양쪽 모두 Negative prompt는 비어 있습니다. Sampling method는 Euler a를 사용합니다.

불

가장 간단한 '불'부터 시작하겠습니다. 꽤 간단하게 연상하기 쉬운 불 이미지가 생성되었습니다. 프롬프트와 출력 이미지는 다음과 같습니다.

Prompt

(fire icon: 1.5),
symbol sign, icon font, vector art, flat design, flat icon, game icon,
(monotone: 1.9), (black and white: 1.9),

▼ txt2img 불1

▼ txt2img 불2

▼ img2img 불1

▼ img2img 불2

물

다음은 '물'입니다. 이쪽은 잘 어울리는 이미지가 좀처럼 생성되지 않았습니다. 그래서 프롬프트를 조금씩 바꿔가면서 괜찮은 결과가 나오는 문구를 찾게 되었습니다. 다음은 프롬프트와 출력 이미지입니다. 성공률이 좋지 않아서 개수가 적습니다.

👍 Prompt

(drop water icon: 1.5),
symbol sign, icon font, vector art, flat design, flat icon, game icon,
(monotone: 1.9), (black and white: 1.9),

▼ txt2img 물1

▼ img2img 물1

흙

다음은 '흙'입니다. 이 프롬프트가 제일 까다로웠습니다. 흙이나 돌, 바위 등에서는 그럴듯한 이미지가 나오지 않아 보석^{gem}이라는 단어를 지정하여 만들었습니다. 다음은 프롬프트와 출력 이미지입니다. txt2img는 성공률이 좋지 않아서 개수가 적습니다.

👍 Prompt

(gem: 1.5),
symbol sign, icon font, vector art, flat design, flat icon, game icon,
(monotone: 1.9), (black and white: 1.9),

▼ txt2img 흙1

▼ img2img 흙1

▼ img2img 흙2

▼ img2img 흙3

바람

마지막은 '바람'입니다. 바람으로는 잘 만들어지지 않아 폭풍^{storm}으로 설정해 생성했습니다. 다음은 프롬프트와 출력 이미지입니다. 성공률이 좋지 않아서 개수가 적습니다.

Prompt

(storm: 1.5),
Symbol sign, icon font, vector art, flat design, flat icon, game icon,
(monotone: 1.9), (black and white: 1.9),

▼ txt2img 바람1

▼ img2img 바람1

13.3 밑그림을 경로로 만들어 소재로 활용하기

생성한 밑그림 중 하나를 선택하여 경로^{path}로 만듭니다. txt2img에서 생성한 첫 번째 '불' 이미지를 이용합니다.

Inkscape를 실행하여 해당 이미지를 드래그해 넣습니다. 이미지를 선택한 상태에서 '경로' 메뉴에서 '비트맵 따라 그리기'^{Trace Bitmap}[1]를 선택합니다. Trace Bitmap UI가 나타나면 [적용] 버튼을 클릭합니다. 경로가 생성됩니다. 경로 생성 직후에는 이미지와 경로가 겹쳐서 변화가 없는 것처럼 보입니다. 이미지의 검은색 부분을 클릭하여 드래그해 보면 경로가 생성된 것을 확인할 수 있습니다.

▼ 비트맵 따라 그리기

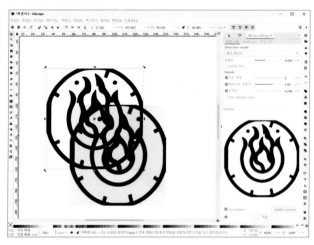

---

1 역자주_ 원서대로라면 '비트맵 추적(Trace Bitmap)'이지만, 포토스케이프 한글판에 대응하여 '비트맵 따라 그리기'로 변경했습니다.

원본 이미지는 필요하지 않으므로 Inkscape에서 삭제합니다. 그리고 경로의 불필요한 부분을 삭제하고 사용할 부분만 남깁니다. 경로를 조작하려면 어느 정도 Inkscape에 익숙할 필요가 있습니다. 익숙하지 않다면 다른 이미지 편집 프로그램을 이용해 불필요한 부분을 삭제해도 좋습니다. 아래와 같이 경로를 만들어 놓으면 원하는 해상도로 심볼을 이용할 수 있습니다.

▼ 경로 정리

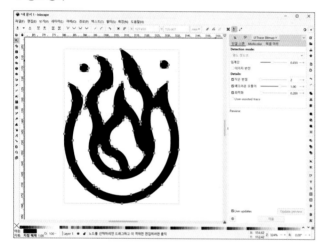

13.4 소재를 이용해 아이콘 제작하기

경로를 추출한 소재를 이용하여 아이콘을 만듭니다. Inkscape로 바탕을 만들어, 그 위에 방금 전에 만들어 놓은 경로를 배치합니다.

▼ 바탕 위에 소재 배치

출력한 아이콘 이미지입니다. Inkscape에서는 출력하는 이미지의 크기를 자유롭게 설정할 수 있어, 고해상도나 저해상도 아이콘을 만들 수 있습니다. 사양이 변경되어 이미지 크기 변경이 필요하면 다시 출력하는 것만으로 대응할 수 있습니다.

▼ 완성된 아이콘 이미지

CHAPTER 14

그림지도 생성

전체적인 지도의 모습을 그림으로 보여주고 싶을 때 조금만 노력하면 Stable Diffusion으로 구현할 수 있습니다.

이 장에서는 '그림지도 생성'을 다룹니다. 그림지도의 부품 제작과 레이아웃 구성, 최종 출력까지의 과정을 소개합니다.

14.1 그림지도 생성

판타지 게임의 그림지도를 생성합니다. 게임 개발에서 산, 숲, 호수 등이 일러스트로 그려진 그림지도를 생성할 수 있으면 편리합니다. 손으로 직접 그리기는 힘들기 때문입니다. 지도는 배치가 중요합니다. 무작위로 배치된 지도를 얻게 되면 별 쓸모가 없습니다.

Stable Diffusion을 그대로 사용하면 무작위로 배치된 지도가 나오기 때문에, 노력이 약간 필요합니다. 우선 프롬프트로 무작위 그림지도를 생성합니다. 수십 장을 출력하여 산, 숲, 호수 등 부품으로 쓸만한 것을 선별합니다. 여기서는 배치는 무시해도 상관없습니다. 배치는 다음 단계에서 지정합니다. 먼저 AI가 '산', '숲', '호수'로 생각하는 이미지의 부품을 확보합니다.

▼ 지도 부품 산

▼ 지도 부품 숲

▼ 지도 부품 호수

그리고 생성한 이미지에서 산, 숲, 호수 등의 부분을 복사하여 붙여 넣고, 콜라주^{collage} 하여 그림지도의 입력 이미지를 만듭니다. 이것이 AI에 전달할 배치 지침이 됩니다.

생성된 이미지를 부품으로 만들어서 콜라주 하는 이유를 설명합니다. Stable Diffusion으로 생성된 부품은 Stable Diffusion 자체적으로 산이나 숲이나 호수로 인식하고 있습니다. 이 부품을 입력으로 사용하면 Stable Diffusion에게 여기에 산이나 숲이나 호수를 배치하라고 알려줄 수 있습니다.

이렇게 만든 이미지를 입력으로 img2img를 실행합니다. 프롬프트는 동일해도 무방합니다. 수십 장의 출력된 이미지 중 가장 잘 만들어진 이미지를 선별하면 그림지도를 얻을 수 있습니다. 또한 생성할 때는 Negative prompt로 몇 가지 단어를 지정합니다. 지도에는 문자나 마크가 들어가기 쉽기 때문입니다. 그럼에도 불구하고 불필요한 부분이 나오므로, 다시 생성하거나 직접 수정해야 합니다.

다음은 이 장에서 생성하는 지도의 최종 출력 이미지입니다.

▼ 최종 출력 이미지

14.2 그림지도의 부품 생성하기

먼저 소재로 사용할 그림지도 부품을 만듭니다. 수십 장을 생성하여 부품으로 사용할 수 있는 이미지를 선별합니다. 다음은 프롬프트로, Negative prompt의 내용은 불필요한 것이 섞이는 것과 흑백 지도가 되는 것을 억제하기 위한 것입니다.

👍 Prompt

(fantasy rpg map: 1.3), (pictorial map: 1.4), (whole land: 1.3),
(extremely detailed: 1.1), (concept art: 1.3),
(watercolor: 1.3), (ink), (oil painting: 1.2), (bold line painting), realism,
(forest map: 1.3), (big map parts: 1.5), high fantasy,
(masterpiece), (best quality), 4k, 8k,

👎 Negative prompt

text, error, cropped, worst quality, low quality, normal quality, jpeg artifacts, signature, watermark, username, blurry, shadow, flat shading, flat color, grayscale, black&white, monochrome, frame,

A는 생성된 이미지 중에서 선택한 부품용 이미지입니다. 산이나 숲 등의 부품이 알아보기 쉬운 것을 선택했습니다. 또한 이미지 A만으로는 평야 부분이 부족해서 이미지 B도 소재로 활용하고 있습니다. 소재가 되는 이미지는 꼭 한 장일 필요는 없어서, 여러 장이 있어도 상관없습니다. 한 장으로 모든 부품을 얻을 수 있는 경우는 많지 않습니다.

▼ A: 부품용 이미지1

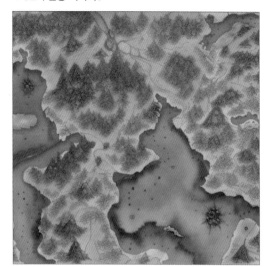

▼ B: 부품용 이미지2

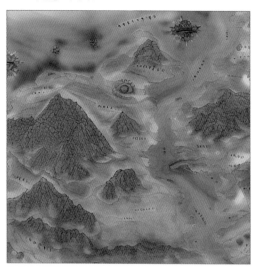

14.3 그림지도 배치하기

출력한 부품을 이용하여 이미지 편집 소프트웨어를 사용해 콜라주 합니다. 먼저 사각형의 이미지를 깔아놓고 평야 부분을 만든 다음, 그 위에 타원형으로 복사한 산과 숲, 호수를 배치합니다.

다음은 실제로 콜라주한 이미지입니다. 이 정도의 대략적인 이미지로 충분합니다. 이번에 만든 부품은 작은 크기이지만, 게임 종류에 따라서는 좀 더 큰 산이나 숲의 부품을 구해 콜라주 하는 것이 좋습니다.

▼ 콜라주한 이미지

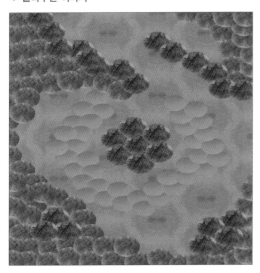

14.4 그림지도 생성하기

콜라주한 이미지를 입력하여 img2img로 그림지도를 생성합니다. 프롬프트는 원래 프롬프트를 그대로 이용하면 됩니다. 먼저 몇 장 출력하여 CFG Scale과 Denoising strength의 밸런스를 확인한 후, 수십 장을 생성하여 최선의 결과를 뽑아내면 됩니다.

CFG Scale을 10으로, Denoising strength를 0.6으로 하여 실행합니다. 또한, 부품이 조금 작게 표시되었으므로 pictorial map, big map parts의 가중치를 강하게 설정합니다.

Prompt

(fantasy rpg map: 1.3), (pictorial map: 1.6), (whole land: 1.3),
(extremely detailed: 1.1), (concept art: 1.3),
(watercolor: 1.3), (ink), (oil painting: 1.2), (bold line painting), realism,
(forest map: 1.3), (big map pars: 1.7), high fantasy,
(masterpiece), (best quality), 4k, 8k,

다음은 출력된 이미지입니다. 입력 이미지와 비슷하게 배치된 것을 확인할 수 있지만, 완전히 일치하지는 않습니다. 좀 더 비슷하게 조정하려면 ControlNet을 사용하는 것도 한 가지 방법입니다.

▼ img2img로 출력한 이미지

14.5 다시 img2img 적용하기

생성한 이미지에 img2img를 다시 적용하면 그럴싸한 이미지가 쉽게 생성됩니다. 여기서는 그 방법으로 몇 가지 새로운 이미지를 생성해 보겠습니다. 다음은 출력된 이미지입니다.

▼ 다시 img2img를 적용한 이미지1

▼ 다시 img2img를 적용한 이미지2

▼ 다시 img2img를 적용한 이미지3

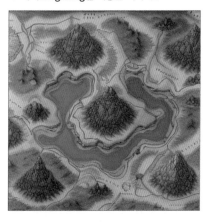

▼ 다시 img2img를 적용한 이미지4

14.6 Inpaint로 수정하기

생성된 그림지도 이미지에는 문자의 일부분 같은 검은 점이나 얼룩이 포함되어 있는 경우가 많습니다. 이러한 노이즈는 img2img의 Inpaint 탭을 사용하여 제거할 수 있습니다. Inpaint에서는 이미지의 일부분만 재생성해서 어울리게 만들 수 있습니다.

img2img의 Inpaint 탭에서 이미지를 불러와 수정하고 싶은 부분을 펜으로 칠합니다. Mask blur 값을 10 정도로 설정하고 생성할 때와 동일한 프롬프트를 입력한 후, [Generate] 버튼을 누르면 10장 중 1장 정도의 확률로 노이즈가 잘 정리된 이미지를 생성할 수 있습니다.

▼ Inpaint

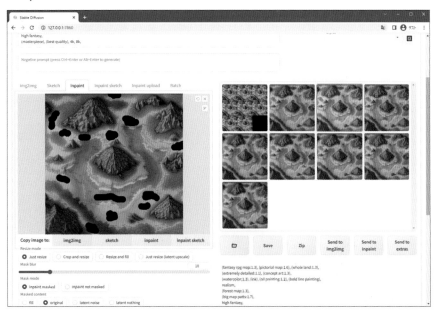

출력한 이미지에서 노이즈가 제거된 것을 확인할 수 있습니다. 노이즈가 여전히 신경 쓰인 다면 출력된 이미지를 이용하여 같은 작업을 반복하면 됩니다.

▼ 노이즈를 제거한 이미지

14.7 실제 게임 개발에서 지도 작성

Little Land War SRPG에서 캐릭터를 만들었을 당시의 이야기를 적어봅니다. 처음에는 무작위로 그림지도를 만들어서 그대로 사용했는데, 첫 번째 그림(초기 지도)은 그 시절의 자료입니다.

▼ 초기 지도

두 번째 사진(콜라주 이미지)은 이 장에서 소개한 방법으로 콜라주한 것입니다. 이 이미지를 기반으로 대량의 이미지를 생성했습니다.

▼ 콜라주 이미지

그 결과 생성된 이미지입니다. 게임 진행에 어울리는 내용이 되었습니다.

▼ 생성된 이미지

약간 어둡기 때문에 이미지 편집 프로그램으로 색감을 조정하고, 게임의 가로 세로 비율에 맞췄습니다. 최종 결과가 '최종적으로 사용된 이미지'입니다.

▼ 최송적으로 사용된 이미지

이러한 이미지를 일반인이 그리기는 것은 쉽지 않습니다. Stable Diffusion을 이용하면 그림을 그리는 것에 익숙하지 않은 사람도 게임용 그림지도를 만들 수 있습니다.

이번에 만든 지도 외에도 다양한 유형의 지도를 Stable Diffusion으로 만들 수 있습니다. 다음은 생성된 예시입니다.

▼ 지도1

▼ 지도2

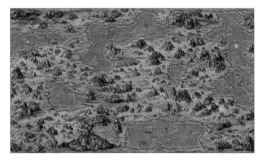

▼ 지도3

▼ 지도4

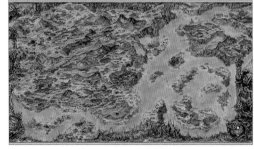

CHAPTER 15

UI 부품의
텍스처 생성

Stable Diffusion을 사용하여 대화 상자, 창, 버튼 텍스처와 같은 UI 부품을 만들어 봅니다.

이 장에서는 'UI 부품의 텍스처 생성'을 다룹니다. 창이나 대화상자, 버튼에 사용할 이미지를 생성합니다. 창, 대화상자, 버튼의 배경이나 프레임(테두리)과 같은 텍스처를 생성하는 것은 게임 개발 현장에서 흔히 볼 수 있는 일입니다. 본문에서는 UI 부품의 배경과 프레임을 생성하고, 이러한 결과물을 조합하여 9Slice용 이미지를 생성합니다.

15.1 UI 배경 만들기

UI 배경용 텍스처를 만들 때 '반복 텍스처'를 만들지, '늘어나는 텍스처'를 만들지에 따라서 설정이 달라집니다. 반복 텍스처의 경우 Web UI의 Tiling의 체크박스를 체크합니다. 늘어나는 텍스처의 경우 뚜렷한 형태가 드러나는 패턴은 피하고 나뭇결과 같이 늘어뜨려도 문제 없는 이미지를 만듭니다.

먼저 나뭇결 텍스처를 만드는 예입니다. 다음은 프롬프트입니다.

Prompt

(cream texture: 1.3), light cream yellow, (wooden board texture: 1.4),

A는 생성된 이미지입니다. 생성된 이미지에는 나무 판자를 구분하는 가로선이 몇 개 포함되어 있습니다. 이런 불필요한 선을 없애려면 이미지 확대 AI로 크게 만든 다음 사용할 부분만 잘라내면 됩니다. B는 확대 후 자른 이미지입니다.

▼ 생성된 이미지 A: 나뭇결 이미지

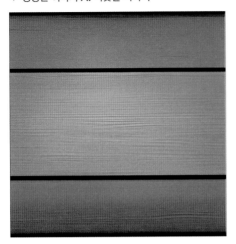

▼ B: 확대 후 자르기

이어서 거친 질감의 텍스처를 만듭니다. 이후의 9slice용 이미지 만들기에서 이번에 생성한 텍스처를 활용합니다. 다음은 철제 패널을 만드는 프롬프트와 출력 이미지입니다.

👍 Prompt

(gray color texture: 1.5), (iron flat panel texture: 1.2),
highly detailed, (concept art), (watercolor), (ink), (oil painting),
(style of high fantasy),

▼ 철제 패널

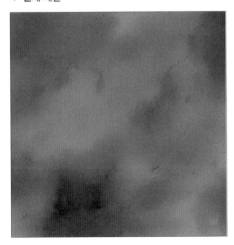

15.2 UI 프레임 생성

프레임을 직접 만들려고 하면 상당히 어렵습니다. 프레임 이미지를 얻으려면 트레이딩 카드 게임의 카드를 만들어서 안쪽을 도려내면 됩니다.

다음은 판타지풍 트레이딩 카드의 뒷면을 만드는 프롬프트의 예시와 출력 이미지입니다.

Prompt

(one fantasy square card: 1.7),
(symmetrical perfect square card: 1.7), (back of card: 1.5),
pixiv ranking 1st, artstation,
masterpiece, best quality, extremely detailed, 4k, 8k, concept art,
watercolor, ink, oil painting, bold line painting,
bright color contrast, realism, (fantasy rpg: 1.2), (high fantasy: 1.2),
cinematic postprocessing, sharp focus, digital painting,

▼ 카드 뒷면1

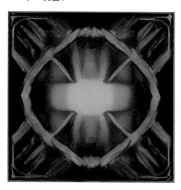

▼ 카드 뒷면2

▼ 카드 뒷면3

▼ 카드 뒷면4

위 그림은 공식 학습 모델 2.1로 만든 것입니다. 다른 학습 모델로 생성한 이미지도 보여드립니다. 다음은 derrida_final.ckpt를 사용하여 생성한 것입니다. 학습 모델에 따라 출력되는 이미지가 크게 달라집니다.

▼ 카드 뒷면1

▼ 카드 뒷면2

▼ 카드 뒷면3

▼ 카드 뒷면4

15.3 9Slice용 이미지 만들기

생성한 UI 배경과 UI 프레임 이미지를 조합해 9Slice용 이미지를 만듭니다. 9Slice는 이미지를 9등분하여 외곽은 프레임으로, 중심은 버튼이나 윈도우의 배경으로 활용하는 방식으로, 게임 개발에서 자주 등장합니다. 다음 이미지의 5가 중심이고, 그 외가 프레임입니다.

▼ 9Slice용 이미지

가로 세로 비율이나 크기를 변경하면 4개 모서리(1, 3, 7, 9)의 크기는 고정되고, 나머지 부분은 늘어나거나 타일처럼 반복되는 식으로 변형됩니다. 예를 들어 Unity에서는 툴을 통해 확대/축소 또는 반복되도록 지정할 수 있습니다.

▼ 9Slice용 이미지의 확대/축소

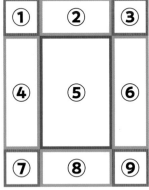
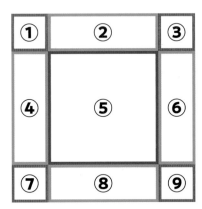

그럼 실제로 만들어봅니다. 프레임 부분(5 이외의 부분)에 사용할 이미지는 A로, AI 이미지 확대를 통해 해상도를 2배로 높였습니다. 중심 부분(5부분)에 사용할 이미지는 B입니다. 이쪽은 크기를 확대하지 않았습니다.

▼ A: 프레임용 이미지

▼ B: 중심용 이미지

먼저 작업 1입니다. 프레임 부분을 읽어 들여 9분할합니다. 동일한 비율로 나눌 필요는 없으며, 프레임으로 활용할 수 있는 부분을 고려해 분할합니다.

▼ 작업 1

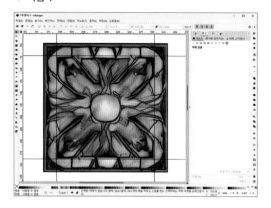

작업 2에서는 중심 부분을 제거합니다.

▼ 작업 2

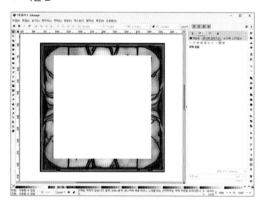

작업 3에서는 프레임 부분의 비율을 게임에서 사용할 비율로 조정합니다. 프레임 부분은 치수를 바꾸어 사용하게 되므로, 처음부터 딱 맞는 크기로 프레임을 생성할 필요는 없습니다.

▼ 작업 3

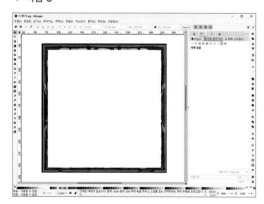

작업 4에서는 중심의 이미지를 배치합니다. 해당 그림은 그레이 스케일 이미지이지만 나중에 색을 입힐 것이므로 걱정하지 않아도 됩니다. 이 레이어의 혼합 모드는 Color Burn으로 설정해 둡니다.

▼ 작업 4

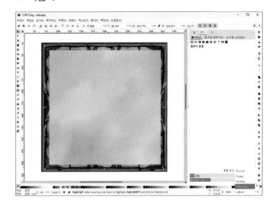

작업 5에서는 중심 이미지를 배치한 레이어 아래에 컬러 레이어를 배치합니다.

▼ 작업 5

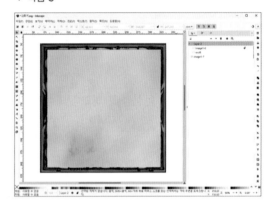

작업 6에서는 방금 전의 컬러 레이어의 복사하여 경계를 흐리게 만듭니다. 이렇게 하면 더욱 보기 좋습니다.

▼ 작업 6

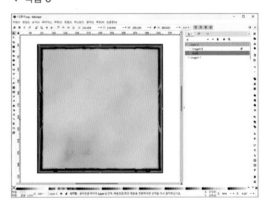

출력한 이미지입니다. 이렇게 만든 이미지는 Unity 등의 9slice용 이미지로 사용할 수 있습니다.

▼ 완성된 이미지

# 15.4 실제 게임 개발에서 UI 부품 만들기

Little Land War SRPG 개발에서 UI 부품을 만들 때의 이야기를 적어봅니다. Little Land War SRPG에서는 UI 부품으로 '버튼 기반', '대화 상자 기반', '정보 패널 기반', '대사 패널 기반'의 4종류를 마련했습니다. 기본 색상, 크기, 프레임 두께의 차이를 통해 4종류로 나눕니다. 중심 부분은 색상만 다릅니다.

- 버튼 기반: 기본 색상은 회색이고, 크기가 작고, 프레임이 얇다.
- 대화 상자 기반: 기본 색상은 회색이고, 크기가 크고, 프레임이 두껍다.
- 정보 패널 기반: 기본 색상은 노란색이고, 크기가 작고, 프레임이 얇다.
- 대사 패널 기반: 기본 색상은 노란색이고, 크기가 크고, 프레임이 두껍다.

▼ 버튼 기반 ▼ 대화 기반 ▼ 정보 패널 기반 ▼ 대화 패널 기반

프레임이 얇은 '버튼 기반', '정보 패널 기반'에서는 프레임 부분에 AI 이미지를 사용하지 않고 Inkscape로 둥근 모서리의 사각형의 선을 그렸습니다. 프레임이 굵은 '대화 상자 기반', '대사 패널 기반'은 이 장에서 소개한 방법으로 프레임을 적용했습니다. 크기나 용도에 따라 AI 이미지로 프레임을 붙일지, 직접 그릴지 고민해 보면 좋겠습니다.

15.5 실제 게임 개발에서 AI를 사용하지 않은 이미지

게임 개발에서 모든 이미지 소재를 AI로 만드는 것은 아닙니다. Little Land War SRPG에서는 모든 이미지를 직접 만든 후, 필요한 부분만 AI 이미지로 바꿔가며 작업했습니다. AI도 강점과 약점이 있어서 모든 것을 맡기려고 하면 오히려 힘들어집니다. 어떤 부분을 잘하고, 어떤 부분을 못한다고 판단했는지 쉽게 알 수 있도록 AI를 사용하지 않은 이미지의 일부를 소개합니다. 해당 이미지들은 모두 Inkscape로 제작했습니다.

먼저 전장 지도용 이미지입니다. 프로그램으로 정렬해서 게임용 지도를 만들어야 하므로 점 하나하나의 위치가 맞아야 합니다. 이런 세밀한 조작은 AI에 적합하지 않으므로 직접 만든 이미지를 사용했습니다.

▼ 전장 지도

다음은 전장에서의 유닛 이미지입니다. 종류가 많아서, 규격이 일정해야 합니다. 게임을 개발할 당시에는 ControlNet이 등장하지 않았습니다. 지금이라면 캐릭터 하나를 만들어서 ControlNet으로 변형하는 것이 더 좋을 수도 있습니다. 다음은 전사가 걷고 있는 모습으로, 손발이 움직이고 있습니다. 이런 이미지를 캐릭터의 수만큼 만들어서 사용하고 있습니다.

▼ 전장 유닛

유닛의 상태 아이콘도 직접 그렸습니다. 이런 작은 마크는 직접 그리는 것이 더 쉽습니다. 모든 것을 AI로 만들려고 하지 말고, 적재적소에 구분해서 사용하는 것이 좋습니다.

▼ 종료 아이콘 　　　　▼ 방어 아이콘 　　　　▼ 이동 속도 강화 아이콘 　　　　▼ 사거리 강화 아이콘

Stable Diffusion과 같은 이미지 생성 AI는 어디까지나 도구에 불과합니다. 어떤 게임 화면을 만들려고 하는지, 어떻게 하면 개발 효율을 높일 수 있는지 등을 생각하면서 어디에 사용할지 결정하면 좋을 것입니다.

PART
05

문장 데이터
생성

CHAPTER 16

ChatGPT 연계 ①이미지에 곁들일 문장 생성

Stable Diffusion과 ChatGPT를 사용해 게임용 문장 소재를 만들어 봅니다.

이미지 생성 AI와 문장 생성 AI의 연계를 다룹니다. Stable Diffusion과 ChatGPT를 넘나들며 게임용 문장 소재를 생성합니다.

16.1 ChatGPT란?

ChatGPT는 OpenAI가 2022년 11월 공개한 인공지능 챗봇^{chatbot}으로, GPT는 'Generative Pre-trained Transformer(생성형 사전 훈련 트랜스포머)'라는 의미를 가지고 있습니다. 마치 인간처럼 대화할 수 있고, 사람에게는 시간이 오래 걸리는 텍스트 조작을 단시간에 처리해 줍니다.

 ChatGPT | OpenAI

https://chat.openai.com/auth/login

ChatGPT는 웹 서비스로 제공됩니다. 집필 시점에는 사용자 등록을 통해 GPT-3.5 기반의 서비스를 무료로 이용할 수 있었습니다. 유료 버전에서는 더 긴 문장을 생성하거나 복잡한 텍스트 조작을 할 수 있는 GPT-4 기반의 서비스를 이용할 수 있습니다. ChatGPT는 인터넷상의 방대한 데이터를 기반으로 학습하고 있으며, 다양한 질문에 대해 빠르고 자세하게 답변합니다. 하지만 이는 만능이 아니기 때문에 때로는 거짓말을 하거나 어색한 말을 하기도 합니다.

ChatGPT의 기술은 마이크로소프트의 Bing AI에도 적용되고 있습니다. Bing AI에서는 GPT-4 기반 기술이 사용되고 있는 것으로 알려져 있습니다. Bing AI는 여러 가지 제약이 있어 생성할 수 있는 문장의 폭이 좁습니다. 그러나 ChatGPT의 무료 버전에서는 적용되지 않는 최신 인터넷 정보를 바탕으로 한 문장 생성이 가능합니다.

이 장에서는 ChatGPT 무료 버전을 이용하여 Stable Diffusion과 함께 게임용 문장 데이터를 생성해 봅니다. ChatGPT의 프롬프트^{Prompt}와 출력 결과를 소개하면서, 활용 방식도 함께 설명합니다. 이러한 기법은 ChatGPT 이외의 문장 생성 AI에도 적용할 수 있을 것입니다.

16.2 배경 이미지에 곁들일 문서 생성하기

게임에서 새로운 장면으로 이동할 때 한 장의 그림으로 장면을 보여주는 것만 아니라, 장면을 설명하는 텍스트를 함께 표시하는 경우가 있습니다. 어드벤처 게임이나 노벨 게임뿐만 아니라 대화 장면이 있는 시뮬레이션 RPG 등에서도 이러한 텍스트가 필요한 경우가 있습니다. 다음 순서에 따라 텍스트 데이터를 생성해 봅니다.

① 배경 이미지의 참고용 사진을 구한다.
② Web UI의 img2img에서 Interrogate DeepBooru로 사진에서 프롬프트를 생성한다.
③ 프롬프트에서 게임용 배경 이미지를 생성한다.
④ 프롬프트와 ChatGPT를 이용해 해당 장면을 소개하는 소설풍의 문장을 생성한다.

사진에서 프롬프트의 획득과 이미지 생성까지

참고할 이미지는 무료 사진 자료 사이트 '파쿠타소pakutaso'에서 다운로드한 '나카다케 능선에서 보는 야리가타케 산의 사진'입니다.

▼ 나카타케 능선에서 보는 야리가타케산의 사진

🌐 **나카타케 능선에서 보는 야리가타케산의 무료 사진 소재 - ID.85541 | 파쿠타소**

https://www.pakutaso.com/20230444107post-46263.html

다운로드한 이미지를 Web UI의 img2img 탭에 끌어 놓습니다. 그리고 [Interrogate Deep-Booru] 버튼을 누릅니다. 그 결과 얻어진 Prompt는 다음과 같습니다.

👍 **Prompt**

cloud, cloudy_sky, day, forest, horizon, lake, landscape, mountain, mountainous_
horizon, nature, no_humans, ocean, outdoors, river, scenery, sky, snow, tree, water,
waterfall

Interrogate DeepBooru에서 얻은 Prompt는 중요도 순이 아니라 알파벳 순서로 나열되어 있습니다. 따라서 이 단어 목록을 중요하다고 생각되는 순서대로 정렬합니다. 그리고 불필요한 단어(snow, cloud, cloudy sky)를 제거하고, sky를 blue sky로 바꾸어 최종 Prompt로 만듭니다. 다음은 프롬프트와 출력 이미지입니다. 이 중에서 첫 번째 이미지인 '산악지대 1'을 게임에 사용합니다.

👍 **Prompt**

landscape, nature, outdoors, scenery, no_humans
mountain, mountainous_horizon,
forest, tree,
lake, river, water, waterfall, ocean
horizon,
day, blue sky,

▼ 산악지대1 txt2img

▼ 산악지대2 txt2img

▼ 산악지대3 txt2img

▼ 산악지대4 txt2img

ChatGPT를 이용하여 장면 소개글 생성하기

앞서 이미지 생성을 위해 사용한 프롬프트는 원하는 형태로 그림을 만들기 위한 것으로, 산악지대에 존재하지 않는 단어(ocean)도 포함되어 있었습니다. 이러한 단어를 제외하여 문장 생성용 입력 문자열을 생성하고, 그 입력 문자열로 ChatGPT용 프롬프트를 생성합니다. 작성한 ChatGPT용 프롬프트는 다음과 같습니다.

 Prompt

제약조건:
– 당신은 영화 장면에 대한 설명을 작성합니다.
– 소설의 문체로 작성합니다.
– 단정적인 문장으로 써야 합니다.
– 300자 이내로 작성해 주세요.
– 이 제약조건을 반드시 지켜야 합니다.

질문:
아래 '자료'의 단어를 한글로 바꾸고, 그 풍경이 포함된 장면 묘사를 소설 형식으로 작성해 주세요.

자료:
Landscape, nature, outdoors, scenery, no_humans, mountain, mountainous_horizon, forest, tree, Lake, river, water, waterfall, horizon, day, blue sky,

ChatGPT의 프롬프트는 긴 문장으로 작성하는 것보다 제목이 있는 글머리 기호로 작성하는 것이 더 효과적입니다. 여기서는 '제약조건', '질문', '자료'의 세 가지 제목을 준비했습니다. '제약조건'에서 출력 조건을 정의하고, '질문'에서 대략적인 지시를 내리고, '자료'에서 입력 문자열을 정의하고 있습니다. 각 항목의 글머리 기호는 – (하이픈, 공백)이 좋습니다.

프롬프트를 실행한 결과, 출력된 텍스트는 다음과 같습니다. 이렇게 '장면을 소개하는 문장'을 기계적으로 생성할 수 있습니다. 대량으로 만든 배경 이미지에 텍스트를 추가하고 싶을 때 유용합니다.

output

바람이 초원을 휘감고 광활한 풍경이 눈앞에 펼쳐진다. 자연의 숨결이 가득하고 푸른 하늘이 펼쳐진다. 인적은 없고 오직 자연 속에만 있다. 산들은 멀리 이어져, 그 윤곽이 수평선에 아름답게 녹아든다. 숲은 고요한 아름다움을 입었고, 나무들이 머리 위를 부드럽게 덮고 있다. 호수의 수면은 가득차고, 강물은 잔잔하게 흐른다. 그리고 멀리서 폭포의 굉음이 들려온다. 이 광경은 그야말로 대자연의 절경이다.

ChatGPT 출력도 Stable Diffusion 출력과 마찬가지로 임의성이 있습니다. 현재 채팅을 삭제하고 새로운 채팅을 시작하면 같은 프롬프트라도 다른 결과를 얻을 수 있습니다. 마음에 들지 않는다면 몇 번 정도 지우고 다시 시도해보는 것이 좋습니다. 채팅 목록의 휴지통 버튼을 누른 후 [Delete] 버튼을 누르면 삭제할 수 있습니다.

또한 ChatGPT의 프롬프트를 바꾸면 생성되는 텍스트도 달라집니다. '화려한 문체'로 지시하고 다시 동일한 입력 문자열로 문장을 생성해 봅시다. 문장이 크게 달라진 것을 확인할 수 있습니다.

Prompt

제약조건:
– 당신은 영화 장면에 대한 설명을 작성합니다.
– 소설의 문체로 써야 합니다.
– 단정적인 문장으로 써야 합니다.
– 300자 이내로 작성해 주세요.
– 이 제약조건을 반드시 지켜야 합니다.

질문:
아래 '자료'의 단어를 한글로 바꾸고, 그 풍경이 포함된 장면 묘사를 화려한 문체의 소설식으로 써주세요.

자료:

Landscape, nature, outdoors, scenery, no_humans, mountain, mountainous_horizon, forest, tree, Lake, river, water, waterfall, horizon, day, blue sky,

 output

호숫가에 펼쳐진 아름다운 풍경이 눈앞에 펼쳐진다. 웅장한 산들이 지평선을 수놓고, 초목으로 뒤덮인 숲이 깊이 펼쳐져 있다. 푸른 하늘에는 구름 한 점 없이 마치 청명한 하늘을 보는 듯하다. 호수의 수면은 투명도가 높고, 그 안쪽에 비친 산들은 마치 다른 세상 같다. 나뭇잎이 바람에 살랑살랑 흔들리고 새들의 노랫소리가 고요함을 더한다. 호수에서는 멀리 산꼭대기에서 쏟아지는 폭포의 물소리가 들려온다.

사람의 손길이 닿지 않은 자연의 아름다움에 가슴이 벅차오른다. 자연이 빚어내는 가락에 마음을 빼앗겨 나는 그저 감격에 젖어 든다. 이 얼마나 아름다운 풍경인가, 자연의 기적이 틀림없다. 나는 그저 가만히 그 광경을 바라보며 자연 속에서 잠시나마 안식을 느낀다. 풍요로운 대지의 선물에 감사하며 마음이 충만해진다.

16.3 캐릭터 소개글 문장 생성하기①

캐릭터 소개글 문장을 생성합니다. 첫 번째 예는 여성 캐릭터입니다.

학습 모델은 derrida_final.ckpt를 사용합니다. 가로세로 크기는 512, Sampling method는 Euler를 사용합니다. 다음 프롬프트를 이용하여 몇 개의 이미지를 생성하고, 그 중에서 1장을 선택합니다.

Prompt

masterpiece, best quality, extremely detailed,
concept art, sharp focus, realism, 8k,
(artstation: 1.5), (deviantart: 1.4), (pixiv ranking 1st: 1.3),
(style of high fantasy: 1.2),
(style of granblue fantasy: 1.2),
(style of genshin impact: 0.9),
(witch: 1.2), (short hair: 1.2), (luxury jeweled robe: 1.2),
solo fantasy kawaii cute girl,
beautiful perfect symmetrical face,
small nose and mouth, esthetic eyes,
bust shot,
(dark green hair: 1.5), (crimson red robe: l.5),

bad anatomy, bad hands, text, error, missing fingers, extra digit, fewer digits, cropped, worst quality, low quality, normal quality, jpeg artifacts, signature, watermark, username, blurry, missing fingers, missing arms, long neck, humpbacked, shadow, flat shading, flat color, grayscale, black and white, monochrome,

▼ 여성 캐릭터 txt2img

이 이미지를 Web UI의 img2img 탭에 끌어 넣고 [Interrogate DeepBooru] 버튼을 누르면 다음과 같은 Prompt가 얻어집니다.

👍 **Prompt**

1girl, bangs, book, closed_mouth, gem, green_hair, hat, jewelry, looking_at_viewer, portrait, red_background, red_headwear, short_hair, smile, solos

그 중에서 불필요한 단어(1girl, looking_at_viewer, portrait, red_background, solos)를 제거하여 ChatGPT의 입력 문자열을 만듭니다. 작성된 ChatGPT용 프롬프트는 다음과 같습니다.

Prompt

제약조건:
- 당신은 판타지 게임의 캐릭터 소개를 작성합니다.
- 소설의 문체로 작성합니다.
- 세부적으로 묘사합니다.
- 단정적인 문장으로 써야 합니다.
- 과거형으로 작성합니다.
- 300자 이내로 작성해 주세요.
- '자료'의 단어 순서는 무시합니다.
- 이 제약조건을 반드시 지켜야 합니다.

질문:
아래 '자료' 단어에서 연상되는 캐릭터의 소개글을 작성해 주세요.

자료:
girl, bangs, book, closed_mouth, gem, green_hair, hat, jewelry, red_headwear, short_hair, smile

배경과 마찬가지로 '제약조건', '질문', '자료'의 세 가지 제목을 준비했습니다. 중요한 점은 "'자료'의 단어 순서는 무시합니다"라는 문장이 들어간다는 점입니다. 이런 항목을 넣지 않으면 단어를 순서대로 쓰려고 하면 어색한 문장이 되어 버립니다.

프롬프트로 출력된 텍스트는 다음과 같습니다. 캐릭터가 많은 경우에 이런 식으로 작업 시간을 절약할 수 있습니다.

output

그녀는 짧은 머리카락을 가진 소녀였다. 초록색 머리카락이 가볍게 흔들리고 있었다. 그녀는 빨간 모자를 쓰고 다문 입가에서 미소를 짓고 있었다. 그녀는 손에 책을 들고 소중하게 바라보고 있다. 그 책에는 고대의 비밀이 담겨 있으리라. 그녀의 손가락에는 보석이 빛나고 있다. 보석이 그녀의 매력을 더욱 돋보이게 하고 있었다. 그녀는 겉보기에는 수줍고 조용해 보이지만, 그녀의 눈빛에는 지식과 모험에 대한 갈망이 깃들어 있다. 이 소녀는 마치 마법의 세계에서 튀어나온 듯한 아름다운 존재다.

16.4 캐릭터 소개글 문장 생성하기②

캐릭터에 곁들일 문장을 생성합니다. 다음 예제는 남성 캐릭터입니다.

학습 모델은 derrida_final.ckpt를 사용합니다. 가로세로 크기는 512로, Sampling method 는 Euler를 사용합니다. 다음 프롬프트를 이용하여 몇 개의 이미지를 생성합니다. Negative prompt는 여성 캐릭터 생성시의 내용과 같습니다. 생성한 이미지 중 1장을 선택합니다.

👍 Prompt

```
masterpiece, best quality, extremely detailed,
concept art, sharp focus, realism, 8k,
(artstation: 1.5), (deviantart:1. 4), (pixiv ranking 1st: 1.3),
(style of high fantasy: 1.2),
(style of granblue fantasy: 1.3),
(style of genshin impact:0.4),
(knight: 1.2), (combed-back-hair: 1.2), extremely detailed armor,
solo fantasy man,
(older age man: 0.8), (wild guy:0.9), (bitter uncle:0.7),
(muscle body:0.9), (muscular:0.9),
bust shot
(dark blue hair: 1.5), (silver armor: 1.3),
```

▼ 남성 캐릭터 txt2img

해당 이미지를 Web UI의 img2img 탭에 끌어 놓습니다. 그리고 [Interrogate DeepBooru]
버튼을 누르면 다음과 같은 Prompt를 얻을 수 있습니다.

Prompt

1boy, armor, blue_hair, brown_eyes, facial_hair, grey_background, long_hair, looking_
at_viewer, male_focus, pauldrons, pointy_ears, portrait, shoulder_armor, simple_
background, solo, upper_body

이 중에서 불필요한 단어(1boy, grey_background, looking_at_viewer, male_focus, sim-
ple_background, solo, upper_body)를 제거합니다. 그리고 이미지 생성 시 프롬프트에
몇 개의 단어(knight, combed-back-hair, armor, wild guy, bitter uncle, muscle body,
muscular, muscular, dark blue hair, silver armor)를 추가하고, 중복되는 단어를 제외하고
순서를 정리하여 ChatGPT의 입력 문자열을 만듭니다.
이렇게 해서 만들어진 ChatGPT의 프롬프트와 출력된 텍스트는 다음과 같습니다.

제약조건:

- 당신은 판타지 게임의 캐릭터 소개를 작성합니다.
- 소설의 문체로 작성합니다.
- 세부적으로 묘사합니다.
- 단정적인 문장으로 써야 합니다.
- 과거형으로 작성합니다.
- 300자 이내로 작성해 주세요.
- '자료'의 단어 순서는 무시합니다.
- 이 제약조건을 반드시 지켜야 합니다.

질문:

아래 '자료' 단어에서 연상되는 캐릭터의 소개 글을 작성해 주세요.

자료:

knight, combed-back-hair, armor, wild guy, bitter uncle, muscle body, muscular, dark blue hair, silver armor, brown_eyes, facial_hair, long_hair, pauldrons, pointy_ears, shoulder_armor

 output

그는 은빛 갑옷을 입은 근엄한 기사다. 머리카락은 짙은 푸른색으로 물들여져, 뒤로 부드럽게 늘어뜨려져 있다. 얼굴은 야성미가 넘치고, 근육질의 탄탄한 체격은 강철처럼 단단하다. 그는 수염을 기르고 있고, 짙은 갈색의 눈은 그의 기품을 더욱 돋보이게 한다. 그는 긴 머리를 흔들며 힘찬 발소리를 내며 걷는다. 어깨에는 두꺼운 플레이트가 있고, 뾰족한 귀가 튀어나와 있다. 그는 마치 어두운 밤에 빛나는 은빛 기사다.

CHAPTER 17

ChatGPT 연계
②캐릭터 설정과
대화 생성

Stable Diffusion과 ChatGPT를 사용하여 게임용
캐릭터 설정과 대화 데이터를 만들어 봅니다.

이미지 생성 AI와 문장 생성 AI의 연계를 다룹니다. 16
장의 데이터를 활용하여 캐릭터 설정과 대화 데이터를
생성합니다.

17.1 캐릭터 설정 생성하기①

16장에서 만든 여성 캐릭터 데이터를 바탕으로 ChatGPT로 캐릭터 설정을 생성합니다. 먼저 간략한 설정을 생성하는 버전입니다.

 Prompt

제약조건:
- 당신은 판타지 게임의 캐릭터 설정을 작성합니다.
- 판타지 게임의 캐릭터 설정을 작성합니다.
- 캐릭터의 인물 배경 및 성격을 깊이 있게 고찰합니다.
- '캐릭터 이름', '인물 배경', '성격', '외모', '특징'을 각각 상세히 작성합니다.
- 글머리 기호로 작성합니다.
- 단정적인 문장으로 써야 합니다.
- 이 제약조건을 반드시 지켜야 합니다.

질문:
아래 '자료' 문장으로 캐릭터 설정을 구상하여 작성해 주세요.

자료:
그녀는 짧은 머리카락을 가진 소녀였다. 초록색 머리카락이 가볍게 흔들리고 있었다. 그녀는 빨간 모자를 쓰고 다문 입가에서 미소를 짓고 있었다. 그녀는 손에 책을 들고 소중하게 바라보고 있다. 그 책에는 고대의 비밀이 담겨 있으리라. 그녀의 손가락에는 보석이 빛나고 있다. 보석이 그녀의 매력을 더욱 돋보이게 하고 있었다. 그녀는 겉보기에는 수줍고 조용해 보이지만, 그녀의 눈빛에는 지식과 모험에 대한 갈망이 깃들어 있다. 이 소녀는 마치 마법의 세계에서 튀어나온 듯한 아름다운 존재다.

다음은 출력된 텍스트입니다.

 output

캐릭터 설정:
캐릭터 이름: 에메랄드 아이빈(Emerald Ivyen)

인물 배경:
에메랄드는 마법의 세계에서 태어나고 자란 마법사 가문에서 태어난 소녀이다.
그녀의 가족은 대대로 고대의 비밀과 마법의 힘을 연구하고 세계의 균형을 유지하는 임무를 맡아왔다.
어릴 때부터 책과 마법에 둘러싸인 환경에서 자랐고, 조상 대대로 물려받은 지식과 모험에 대한 갈망으로 성장해 왔다.

성격:
에메랄드는 내성적이고 조용해 보이지만 내면에는 뜨거운 열정과 강한 의지를 가지고 있다.
그녀는 굉장히 호기심이 많고 지식 추구에 열정적이다. 그녀는 새로운 발견과 경험을 찾아 마법의 세계를 모험하는 것을 꿈꾼다.
그녀는 겸손하고 친절하며 남을 배려하는 마음을 가지고 있다.

외모:
에메랄드는 짧은 머리카락을 가진 소녀이다.
그녀의 초록색 머리카락이 가볍게 흔들리고 있다.
그녀는 빨간 모자를 쓰고 입을 다물고 미소 짓고 있다.
손에는 책 한 권을 들고 있는데, 이 책에는 고대의 비밀이 담겨있다고 한다.
그녀의 손가락에는 반짝이는 보석이 달려있고, 보석이 그녀의 매력을 더욱 돋보이게 한다.

특징:
에메랄드는 마법의 힘을 다룰 수 있다.
그녀의 눈에는 지식과 모험에 대한 갈망이 깃들어 있으며, 마법 세계의 현자와 같은 존재다.
그녀는 뛰어난 직관력을 가지고 있으며, 복잡한 마법의 퍼즐과 불가사의를 푸는 데도 능숙하다.
마법의 지식과 모험에 대한 갈망을 결합하여 새로운 마법의 힘과 주문을 창조하는 재능을 가지고 있다.
에메랄드는 고독한 시간을 좋아하고, 자신과 대면하여 마법의 힘을 키운다.

그녀의 정신력과 인내심은 어려운 시련에 맞설 때 도움이 된다.
그녀는 항상 냉정하고 감정에 휘둘리지 않고 이성적인 판단을 내릴 수 있다.
에메랄드 주변에는 자연과의 강한 유대감을 자아내는 기운이 감돌고 있다.
그녀의 존재 자체가 마법 세계의 균형 유지에 이바지한다고 믿는다.

다음은 더 자세한 설정을 생성하는 버전입니다. '형식'이라는 새로운 제목을 추가했습니다.

 Prompt

제약조건:
– 당신은 판타지 게임의 캐릭터 설정을 작성합니다.
– 판타지 게임의 캐릭터 설정을 작성합니다.
– 캐릭터의 인물 배경 및 성격을 깊이 있게 고찰합니다.
– '형식'의 각 항목을 각각 상세히 작성합니다.
– 글머리 기호로 작성합니다.
– 이 제약조건을 반드시 지켜야 합니다.

질문:
아래 '자료'의 문장을 참고해 캐릭터의 설정을 '형식'의 형태로 작성해 주세요.

자료:
그녀는 짧은 머리카락을 가진 소녀였다. 초록색 머리카락이 가볍게 흔들리고 있었다. 그녀는 빨간 모자를 쓰고 다문 입가에서 미소를 짓고 있었다. 그녀는 손에 책을 들고 소중하게 바라보고 있다. 그 책에는 고대의 비밀이 담겨 있으리라. 그녀의 손가락에는 보석이 빛나고 있다. 보석이 그녀의 매력을 더욱 돋보이게 하고 있었다. 그녀는 겉보기에는 수줍고 조용해 보이지만, 그녀의 눈빛에는 지식과 모험에 대한 갈망이 깃들어 있다. 이 소녀는 마치 마법의 세계에서 튀어나온 듯한 아름다운 존재다.

형식:
캐릭터 이름:
닉네임:
한마디로 소개:
단기적 동기:

장기적 동기:

원인 에피소드:

독자의 공감 포인트:

인품, 성격:

인품, 성격의 에피소드:

선행:

악행:

강점, 장점:

약점, 단점:

약점의 에피소드:

얼굴, 표정, 헤어스타일:

체격:

복장:

신체적 특징:

지적 특징:

성격 특징:

특기, 취미:

직업:

현재 사회 계층:

출신 사회 계층:

가족:

학력, 약력:

주거, 생활:

버릇, 행동, 성품:

집착(일, 물건, 기타):

다음은 출력된 텍스트로, 실제로는 한 번에 출력되지 않고 중간에 끊어졌습니다. 도중에 출력이 끊긴 경우에는 '계속'을 입력해 실행하면 이어서 출력해 줍니다.

output

캐릭터 이름: 아오이

닉네임: −

한마디로 소개: 마법의 세계에서 튀어나온 듯한 아름다운 소녀로, 내면에 숨겨진 지식과 모험에 대한 갈망을 간직하고 있다.

단기적 동기: 고대의 비밀이 담긴 책의 수수께끼를 푸는 것.

장기적 동기: 모험과 새로운 지식을 추구하고, 마법의 세계에서 존재감을 드러내는 것.

원인 에피소드: 어렸을 때 할머니로부터 고대의 비밀이 담긴 책을 물려받아 그 매력에 빠져들었다. 할머니의 차분한 모험담을 들으면서 그녀 자신도 모험에 대한 갈망을 품게 되었다.

독자의 공감 포인트: 그녀의 내면에 숨겨진 지식과 모험에 대한 갈망에 공감하고, 그녀와 함께 새로운 세계를 탐험하고 싶어진다.

인품, 성격: 내성적이고 조용해 보이지만, 지식과 모험에 대한 갈망을 가지고 있으며, 탐구심이 강한 면모를 보인다. 눈동자는 반짝반짝 빛나며 호기심과 열정을 품고 있다.

인품, 성격의 에피소드: 그녀는 책을 통해 다양한 지식을 흡수하고 다른 사람을 가르치는 데서 기쁨을 느낀다. 가끔 조용한 곳에서 책과 마주할 때가 있는데, 이러한 모습을 본 사람들은 그녀의 열정에 감탄한다.

선행: 지식을 공유하고, 사람들이 새로운 발견을 할 수 있도록 도와준다. 도움이 필요한 사람을 돕는다.

악행: 악의적인 행위를 하거나 타인에게 해를 끼치지는 않지만, 냉정한 판단력이 부족할 때가 있다.

강점, 장점: 호기심이 많고, 지식 흡수와 학습 능력이 뛰어나다. 또한 사람들에게 친절하고 배려심이 많으며, 남을 돕는 것을 중요하게 여긴다.

약점, 단점: 모험에 뛰어들기 전에 깊이 생각하기 싫어하고 감정에 휩쓸리기 쉽다.

약점의 에피소드: 한 모험에서 그녀는 감정적인 결정을 내렸고, 그 결과 위험한 상황에 처하게 되었다. 이 경험을 통해 그녀는 냉철한 판단력의 중요성을 깨닫게 되었다.

얼굴, 표정, 헤어스타일: 녹색 머리카락을 가진 소녀로, 짧게 자른 머리카락이 특징이다. 그녀의 표정은 다문 입으로 미소를 짓고 있으며 차분하며 부드러움이 느껴진다.

체격: 평균적인 키에 날씬한 몸매이다.

복장: 빨간 모자를 쓰고, 양서로 덮인 긴 드레스를 입고 있다. 모험에 적합한 복장을 자주 선택한다.

신체적 특징: 보석으로 반짝이는 손가락을 지니고 있고, 보석은 그녀의 매력을 더욱 돋보이게 한다.

지적 특징: 폭넓은 지식을 가지고 있으며, 고대의 비밀과 마법에 대한 정보를 잘 알고 있다. 또한 여행지에서 관찰력과 추리력도 뛰어나다.

성격 특징: 호기심이 많고 모험심이 강해 새로운 지식과 경험을 추구하는 한편, 타인을 배려하는 마음도 지니고 있다. 자신의 지식을 공유하여 사람들을 매료시키고 가르치는 것에 기쁨을 느낀다.

특기, 취미: 마법 연구와 실습, 모험 계획 세우기, 독서, 고대의 비밀 풀기, 사람들을 교육하는 활동.

직업: 모험가, 마법 연구자, 지식 전승자.

현재 사회 계층: 마법의 세계에서 유명한 모험가이자 지식 전문가로 인정받고 있다.

출신 사회 계층: 일반 가정 출신으로 특별한 사회적 지위를 갖고 있지 않다.

가족: 할머니와 단둘이 살고 있으며, 할머니는 모험가로서의 경험과 지식을 그녀에게 전수했다.

학력, 약력: 마법학원에서 공부하며 마법과 고대 지식에 대해 깊이 탐구했다. 졸업 후 모험가로 활동하며 수많은 탐험을 하고 지식을 쌓았다.

주거, 생활: 마법 세계의 작은 마을에 살고 있으며, 할머니의 집을 거점으로 삼고 있다. 매일 책과 마주하며 마법을 연구하고 새로운 모험을 계획하고 있다.

버릇, 행동, 성품: 말을 할 때 손을 사용하며 설명하는 버릇이 있고, 생각을 할 때는 머리카락을 손가락으로 빙빙 감는 동작을 취한다. 호기심이 많아서 낯선 곳이나 특이한 것에 대해 눈을 반짝인다.

집착(일, 물건, 기타): 그녀의 가장 큰 집착은 지식에 대한 것이며, 이를 추구함에 삶의 보람을 느낀다. 또한 할머니로부터 물려받은 책과 보석은 그녀에게 소중한 존재이며, 항상 몸에 지니고 다닌다.

17.2 캐릭터 설정 생성하기②

16장에서 생성한 남성 캐릭터 데이터를 바탕으로 ChatGPT로 캐릭터 설정을 생성합니다. 프롬프트는 17.1절 '캐릭터 설정 생성하기①'와 같으며, 다음 '자료' 부분만 다릅니다.

 Prompt

자료:
그는 은빛 갑옷을 입은 근엄한 기사다. 머리카락은 짙은 푸른색으로 물들여져, 뒤로 부드럽게 늘어뜨려져 있다. 얼굴은 야성미가 넘치고, 근육질의 탄탄한 체격은 강철처럼 단단하다. 그는 수염을 기르고 있고, 짙은 갈색의 눈은 그의 기품을 더욱 돋보이게 한다. 그는 긴 머리를 흔들며 힘찬 발소리를 내며 걷는다. 어깨에는 두꺼운 플레이트가 있고, 뾰족한 귀가 튀어나와 있다. 그는 마치 어두운 밤에 빛나는 은빛 기사다.

다음은 출력된 텍스트입니다. '짧은 설정'의 출력 결과를 먼저 소개하고, 그다음에 '긴 설정'의 출력 결과를 싣습니다.

 output

캐릭터 설정:
캐릭터 이름: 세이버

인물 배경:
세이버는 고대 기사의 피를 이어받은 사람이다. 그는 어린 시절 혹독한 수련을 통해 기사도의 진수를 체득했다. 그의 선조는 전설적인 기사단의 일원이었고, 그 명성과 자부심은 대대로 이어져 내려

왔다. 그는 은빛 갑옷이라는 가문의 유산을 몸에 걸치고 정의와 용기를 가슴에 품고 세상을 지키는 임무를 수행한다.

성격:

세이버는 늠름한 기사의 풍모를 지녔다. 그는 성실하고 정의감이 강해 항상 진실과 정의를 추구하기 위해 싸운다. 그의 내면에는 고요함과 우아함이 있고, 어떤 어려움에도 굴하지 않는 강인한 의지가 있다. 그는 열정적이면서도 냉철한 판단력을 가지고 있으며, 무자비한 투사와 같은 면모도 겸비하고 있다. 타인을 보호하는 것을 최우선으로 생각하며, 이를 위해 자기 희생도 불사할 각오가 되어 있다.

외모:

세이버는 은빛 갑옷을 입고 있다. 그의 머리카락은 짙은 푸른색으로 염색되어 있고, 잘 다듬어진 뒷머리는 매끄럽게 늘어뜨려져 있다. 그의 얼굴은 야성미가 넘치고, 근육질 체격은 강철처럼 강인함이 느껴진다. 그는 수염을 기르고 있고 짙은 갈색 눈은 그의 기품을 더욱 돋보이게 한다. 세이버는 힘찬 발걸음을 내딛으며 걷고, 당당한 자세가 기사의 품격을 보여준다. 그의 어깨에는 두꺼운 플레이트가 있고, 뾰족한 귀가 튀어나와 있다.

특징:

세이버는 그야말로 어두운 밤에 빛나는 은빛 기사다. 그의 모습은 주변 사람들에게 용기와 희망을 주고, 적에게는 두려움과 경외심을 불러일으킨다.

 output

캐릭터 이름: 은야(銀夜)
닉네임: −
한마디로 소개: 은빛 갑옷을 입은 늠름한 기사.
단기적 동기: 왕국의 평화를 지키기 위해 싸운다.
장기적 동기: 세상에 정의와 희망을 가져다 주는 것.
원인 에피소드: 어린 시절, 그는 가족과 마을을 위협하는 어둠의 세력에 습격 당해 비극을 겪었다.
독자의 공감 포인트: 강한 의지와 신념을 가지고 어려움에 맞서는 자세.
인품, 성격: 은야는 자부심이 강하고 정의감이 넘치는 인물이다. 충성심이 강하고 신뢰와 의무를 중시한다. 타인에 대한 배려가 있고 용감하고 결단력이 있다.
인성, 성격 에피소드: 은야는 동료를 지키기 위해 자신의 목숨을 바칠 각오가 되어 있다. 동료들이 위기에 처했을 때, 그는 자신의 몸을 던져 그들을 보호하기로 결심했다.

선행: 무고한 사람들을 구하고 정의를 실현하기 위해 싸운다. 약자와 어려운 사람을 돕는 데 적극적이다.

악행: 그는 정의감이 강해 악행을 저지르지 않는다.

강점, 장점: 은야는 뛰어난 전투 기술과 신체 능력을 가지고 있다. 또한 결단력과 리더십도 갖추고 있다.

약점, 단점: 때때로 너무 직설적인 면이 있고, 사람을 쉽게 믿는 면이 있다.

약점, 에피소드: 그는 믿었던 동료에게 배신당한 경험이 있으며, 이는 그의 신뢰심을 흔들리게 하는 요인 중 하나이다.

얼굴, 표정, 헤어스타일: 야생적인 얼굴에 늠름한 표정을 짓고 있다. 머리카락은 짙은 푸른색으로 염색되어 있으며, 뒤로 부드럽게 늘어뜨려져 있다.

체격: 근육과 골격이 탄탄한 체격으로 강철처럼 단단하다.

복장: 은야는 은빛 갑옷을 입고 어깨에 두꺼운 플레이트를 두르고 있다. 그의 갑옷은 방어력이 뛰어나면서도 기동성을 잃지 않고, 그의 전투 스타일에 맞게 설계되었다.

신체적 특징: 은빛 갑옷을 입고 뾰족한 귀가 그의 신체적 특징 중 하나다. 그는 근육질의 탄탄한 체격과 위풍당당하게 서 있는 모습이 인상적이다.

지적 특징: 은야는 전략적 사고와 분석력이 뛰어나다. 그는 전투에서 냉철한 판단을 내리고 상황에 따라 적절한 전술을 구사할 수 있다.

성격적 특징: 은야는 진솔하며 신념을 굽히지 않으며 성실한 성격이다. 그는 타인을 배려하고, 도움이 필요한 사람에게는 친절하게 손을 내미는 자상함도 가지고 있다. 때로는 엄격하고 고집스러운 면이 있다.

특기, 취미: 은야는 뛰어난 검술을 구사할 수 있으며, 그의 검술은 주변에서 높이 평가받고 있다. 그의 취미는 독서이며, 지식 습득과 자기계발에 힘쓰고 있다.

직업: 은야는 기사로서 왕국 방어에 종사하고 있다. 그는 왕국의 평화와 질서를 지키기 위해 밤낮으로 싸우고 있다.

현재 사회 계층: 은야는 기사로서 왕국을 위해 봉사하는 위치에 있다. 그는 왕국 내에서도 높은 지위를 가지고 있으며, 왕이나 고위 귀족들과 함께 행동하기도 한다.

출신 사회 계층: 은야는 원래 평민 출신이다. 그는 어려운 환경 속에서도 기사의 길을 걷게 되었고, 자신의 힘과 노력으로 사회 상층부로 올라갔다.

가족: 은야에게는 가족이 있고, 그들과의 유대감은 그의 힘의 원천이다. 그의 가족은 그의 용기와 결단력에 영향을 미쳐 그가 정의를 실현하는 원동력이 되고 있다.

학력, 약력: 은야의 학력은 전사 양성학교의 훈련을 통해 형성되었다. 어린 시절부터 무술 수련에 힘썼고, 엄격한 훈련을 통해 검술 실력을 연마했다. 그는 그 재능과 노력으로 기사의 길로 나아갈 수 있었다.

주거, 생활: 은야는 왕국의 기사단 기지에 거주하고 있으며, 그곳이 그의 거점이다. 그의 생활은 임무와 훈련으로 채워져 있으며, 항상 전투에 대비하고 있다. 기지에서는 동료들과 교류하며 함께 싸우고 생활하며 신사적인 면모를 키우고 있다.

버릇, 행동, 성품: 은야는 기사로서의 매너가 뛰어나며, 자부심이 강하다. 그의 몸짓은 당당하고, 그의 행동에서 위엄과 자신감이 묻어난다. 그는 세세한 부분까지 신경을 쓰며, 자신의 옷차림과 무기를 관리하는 데에도 시간을 할애한다.

집착(사물, 물건, 기타): 은야의 가장 큰 집착은 정의를 추구하는 것이다. 그는 정의를 실현하는 데 평생을 바쳤으며, 악에 맞서 싸우는 것을 사명으로 여긴다. 또한 그는 동료와 가족의 안전과 행복을 지키기 위해 최선을 다한다.

17.3 캐릭터 대화 생성하기

지금까지 생성한 텍스트를 조합하여 두 캐릭터가 처음 등장하는 장면의 대화를 생성해 봅니다. 캐릭터 설정을 작성해 두면 캐릭터의 배경이나 성격에 맞게 대화하도록 만들 수 있습니다. 단, 설정을 모두 입력 문자열에 포함시킬 수 없으므로 일부만 발췌하여 사용합니다.

다음은 프롬프트입니다. 이전과 달리 제목이 많다. '제약', '질문', '장면', '상황', '캐릭터1', '캐릭터2'의 6가지가 있습니다. 또한 캐릭터에 대해서 '말투' 항목을 넣었습니다.

 Prompt

제약조건:
- 당신은 판타지 게임의 대화문을 작성합니다.
- 소설의 대화 장면처럼 어떤 장소에서 두 사람이 대화하는 모습을 작성합니다.
- 등장인물에 대한 설명이나 묘사는 하지 않습니다.
- 갑자기 두 사람이 대화를 시작합니다.
- 지문을 쓰지 않고 대화문만 씁니다.
- 그래, 그렇죠, 그렇지 등 맞장구치지 않습니다.
- 상대방의 이름을 부르지 않습니다.
- '장면', '상황', '캐릭터1', '캐릭터2'의 정보를 억지로 넣으려고 하지 않습니다.
- 자연스러운 대화를 합니다.
- 800자 이내로 작성해 주세요.
- 이 제약조건을 반드시 지켜야 합니다.

질문:
아래 '장면'과 '상황'에서 '캐릭터1', '캐릭터2'가 대화하는 소설을 써주세요.

장면:
산악지대가 펼쳐지는 풍경. 자연 속에 사람의 흔적은 보이지 않는다. 돌로 쌓인 산들이 지평선을 수놓고, 그 너머로 펼쳐진 숲이 어두운 그림자를 드리우고 있다. 우뚝 솟은 나무가 늘어서 있고, 바람에 흔들리는 모습이 강인함을 느끼게 한다. 수면을 바라보면 호수와 강이 맑게 흐르고, 멀리서 물보라를 일으키는 폭포 소리가 들린다. 저 멀리 끝없이 펼쳐진 지평선과 그 위로 깊고 푸른 하늘이 펼쳐져 있다. 이 절경에는 숨이 막힐 지경이다.

상황:
- 에메랄드 아이빈과 세이버는 마물 토벌을 위해 이 땅에 처음 왔다.
- 산에는 태고의 마법사의 비밀 기지가 있다고 한다.
- 마물은 태고의 마법사의 비밀 기지에서 나온 것이 아니냐는 소문이 돌고 있다.

캐릭터1:
말투: ～이군요. ～그렇군요. 등의 지적인 여성의 말투.

이름: 에메랄드 아이빈

한마디로 소개: 마법의 세계에서 튀어나온 듯한 아름다운 소녀로, 내면에 숨겨진 지식과 모험에 대한 갈망을 간직하고 있다.

단기적 동기: 고대의 비밀이 담긴 책의 수수께끼를 푸는 것.

장기적 동기: 모험과 새로운 지식을 추구하고, 마법의 세계에서 존재감을 드러내는 것.

강점, 장점: 호기심이 많고, 지식 흡수와 학습 능력이 뛰어나다. 또한 사람들에게 친절하고 배려심이 많으며, 남을 돕는 것을 중요하게 여긴다.

약점, 단점: 모험에 뛰어들기 전에 깊이 생각하기 싫어하고 감정에 휩쓸리기 쉽다.

인품, 성격: 내성적이고 조용해 보이지만, 지식과 모험에 대한 갈망을 가지고 있으며, 탐구심이 강한 면모를 보인다. 눈동자는 반짝반짝 빛나며 호기심과 열정을 품고 있다.

캐릭터 2:
말투: ～이다. ～이군. 등의 마초스러운 남성의 말투.

이름: 세이버

한마디로 소개: 은빛 갑옷을 입은 늠름한 기사.

단기적 동기: 왕국의 평화를 지키기 위해 싸운다.

장기적 동기: 세상에 정의와 희망을 가져다 주는 것.

강점, 장점: 은야는 뛰어난 전투 기술과 신체 능력을 가지고 있다. 또한 결단력과 리더십도 갖추고 있다.

약점, 단점: 때때로 너무 직설적인 면이 있고, 사람을 쉽게 믿는 면이 있다.

인품, 성격: 은야는 자부심이 강하고 정의감이 넘치는 인물이다. 충성심이 강하고 신뢰와 의무를 중시한다. 타인에 대한 배려가 있고 용감하고 결단력이 있다.

다음은 출력 결과입니다.

 output

'**장면:** 산악지역'

'**상황:** 에메랄드 아이빈과 세이버가 몬스터 토벌을 위해 산악지대로 왔다.'

에메랄드 아이빈: 저 마물, 태고의 마법사의 비밀 기지에서 나오는 걸까요?

세이버: 설마 그런 기지가 정말 있겠어? 하지만 이 마물의 존재 자체가 불가사의하군.

에메랄드 아이빈: 그래, 이 땅에는 수수께끼가 많아. 뭔가 비밀이 숨겨져 있는 것 같아요.

세이버: 왕국의 평화를 지키기 위해서라도 이 마물을 처치해야 해. 우리 힘으로 반드시 쓰러뜨리고 말겠다.

에메랄드 아이빈: 우리들의 힘뿐만 아니라 지식도 필요해. 이 지역의 역사나 마법에 대한 자세한 정보가 있었으면 좋겠어요.

세이버: 맞아. 하지만 정보가 너무 부족해. 이 산악 지대에는 비밀이 숨겨져 있을지도 몰라.

에메랄드 아이빈: 그래, 이 아름다운 풍경의 이면에 고대 마법사가 남긴 무언가가 있을지도 몰라요.

세이버: 이 장엄한 풍경도 우리에게는 미지의 영역이야. 모험은 앞으로도 계속되겠군.

에메랄드 아이빈: 그게 바로 매력이죠. 새로운 지식과 모험을 찾아 우리는 이 여정에 몸을 던지는 거니까요.

세이버: 마물을 물리치고 수수께끼를 푸는 우리의 모험이 세상에 희망을 가져다 주길 바란다.

에메랄드 아이빈: 우리의 모험은 단순한 싸움이 아니야. 사람들을 위해, 미래를 위해 나아가는 거예요.

세이버: 맞다. 우리의 사명은 세상에 정의와 희망을 가져다 주는 것이다. 이 괴물도 우리가 막아야 할 때가 왔다.

"대화 종료"

그럴듯한 대화가 되었지만, 후반부로 갈수록 대화가 어색합니다.

다음은 대화를 간단히 수정해보았습니다.

 output

에메랄드 아이빈: 저 괴물, 태고의 마법사의 비밀 기지에서 나오는 걸까요?
세이버: 설마, 그런 기지가 정말 있을 거라곤 믿기 힘든데. 오래된 소문이겠지.
에메랄드 아이빈: 이곳에는 많은 수수께끼가 있어. 뭔가 비밀이 숨겨져 있는 것 같은 느낌이에요.
세이버: 왕국의 평화를 지키기 위해 마물을 토벌할 뿐. 우리 힘으로 반드시 물리치자.
에메랄드 아이빈: 힘뿐만 아니라 지식도 필요해요. 이 지역의 역사나 마법에 대한 자세한 정보가 있었으면 좋겠어요.
세이버: 맞아. 하지만 정보가 너무 부족하군.
에메랄드 아이빈: 이 아름다운 풍경의 이면에 고대 마법사가 남긴 무언가가 있을지 몰라요.

▼ 배경과 캐릭터

ChatGPT는 이번에 생성한 것과 같이 초안을 대량으로 생성하는 데 적합합니다. Stable Diffusion에서 생성한 이미지를 직접 덧붙이거나 수정하듯이, ChatGPT로 생성한 글을 가다듬으면 더 좋습니다.

게임 개발에는 데이터가 대량으로 필요한 경우가 많습니다. 이러한 자동 생성 툴을 사용하면 개발 시간을 단축하고 게임 볼륨을 늘릴 수 있습니다.

후기

이 책에서는 스테이블 디퓨전을 이용하여 다양한 게임 소재를 만들어 보았습니다. 새로운 도구의 등장으로 지금까지 할 수 없었던 일을 할 수 있게 되고, 짧은 시간에 원하는 작업이 해내는 것은 정말 고마운 일입니다. 이미지 생성형 AI도 그러한 도구 중 하나라고 생각합니다.

과거에도 게임을 쉽게 만들 수 있는 도구의 등장으로, 게임 개발을 경험한 적이 없는 사람도 게임을 제작할 수 있게 되었습니다. 그림 그리기나 사진 편집 소프트웨어의 등장으로, 짧은 시간 안에 그림을 그릴 수 있으며, 고도의 기능을 가진 프로그래밍 언어의 등장과 개발 환경의 발전으로 복잡한 소프트웨어를 개발할 수 있게 되었습니다.

새로운 도구가 등장하면 적극적으로 사용해보고 업무에 활용할 수 있도록 이 책이 조금이나마 도움이 되었으면 합니다.

야나이 마사카즈

Index